Voelk
Cup Soups

 **Marianne J. Voelk** absolvierte zunächst ein Sprach-
studium und leitete 17 Jahre lang eine eigene Privat-
schule, bevor sie sich aufgrund einer schweren Arthrose der Naturheilkunde zuwandte und mithilfe
einer vegetarischen Vollwertkost innerhalb kurzer
Zeit Heilung fand. Ihre eigenen Erfahrungen haben
sie so sehr begeistert, dass sie die Ausbildung zur
Gesundheitsberaterin GGB an der Dr.-Max-Otto-Bru-
ker-Akademie machte. Inzwischen arbeitet sie als
Gesundheitsberaterin GGB mit den Schwerpunkten
vegetarische Heilnahrung und Naturheilverfahren
und ist Autorin zahlreicher populärer Bücher.

Marianne J. Voelk

Cup Soups

Vitalisieren und stärken mit vegetarischen Suppen

Liebe Leserin, lieber Leser!

Fällt es Ihnen phasenweise auch schwer, regelmäßig genügend Gemüse und Obst zu essen? Gerade in stressigen Zeiten? Eigentlich spürt man ganz genau, dass der Körper gerade jetzt einen Extraschub Vitalstoffe benötigen würde, aber es fehlt Ihnen einfach an Energie und Zeit, sich auch noch darum zu kümmern. Kommt Ihnen das bekannt vor? Sie werden erstaunt sein, wie einfach es geht, täglich reichlich Obst und Gemüse auf dem Speiseplan zu haben.

Mit den Cup Soups versorgen Sie Ihren Körper nicht nur mühelos, sondern auch auf leckerste Art und Weise mit aufbauenden, bioaktiven Vitalstoffen – wenn Sie möchten, sogar to go. Und das ist noch lange nicht alles, was die Cup Soups zu bieten haben. Bei gezielter Kombination bestimmter Früchte- und Gemüsesorten haben sie sogar eine Aufbau- und Heilwirkung. Cup Soups sorgen nicht nur für eine strahlend schöne Haut und kräftiges Haar, sie können sogar den unterschiedlichsten Krankheiten vorbeugen oder die Heilung beschleunigen – egal ob es sich dabei um eine Erkältung, Verdauungsstörungen, lästige Hautprobleme, Übergewicht oder gar Herz-Kreislauf-Probleme handelt. Gründe genug?

Mix it! Enjoy it!

Cup Soups – heiße Tasse 2.0

Cup Soups stecken voller aufbauender und heilender Vegetable Power. Wer Detoxing, Turbo-Stoffwechsel oder Hilfe bei Wehwehchen sucht, ist hier richtig.

Cup Soups – mit dem Besten aus der Natur

Cup Soups sind geballte Vitalstoffe und wirken besser als jede Kopfschmerztablette oder Faltencreme. Und sie schmecken auch noch richtig gut.

Cup Soups sind die »Heiße Tasse« der Generation Y – nur nicht aus der Tüte, sondern frisch vom Acker gepflückt. Wir werfen Gemüse und Obst in den Mixer, drücken die Taste und raus kommt ein wohltemperiertes Süppchen. Und das unterstützt nicht nur das Detoxing, sondern bringt auch den Stoffwechsel auf Touren und verhilft zu schöner Haut. Cup Soups können sogar unsere angeschlagene Gesundheit wieder in Schuss bringen!!! Dabei ist es ganz egal, ob es sich um Verdauungsstörungen oder Herz-Gefäß-Probleme handelt. Der Grund für ihre Heilwirkung basiert auf den primären bioaktiven Pflanzenstoffen (Seite 84) und andererseits auf der erst in neuerer Zeit erforschten Wirkung der sekundären bioaktiven Pflanzenstoffe (Seite 93).

Warum nicht heiß? Die meisten Menschen lieben heiße Suppen und Getränke. Doch was ist eigentlich mit den hitzeempfindlichen Vitaminen, die in Obst und Gemüse enthalten sind? Werden gerade Vitamin C und Folsäure nicht durch das Kochen weitgehend vernichtet? Stimmt! Daher erhitzen wir unsere Cup Soups nicht höher als 42 Grad; das ist eine angenehme Mund-Temperatur. Einige der neueren, leistungsstarken Standmixer haben sogar ein Suppen-Automatik-Programm,

ungeahnte Kräfte – und man kann davon ausgehen, dass die Wissenschaft noch längst nicht alle Substanzen gefunden hat, die Obst und Gemüse so wertvoll machen! Sekundäre Pflanzenstoffe können uns nicht nur bis ins hohe Alter jung und fit erhalten, sondern dienen auch zur Prophylaxe von Krankheiten, indem sie z. B. als Antioxidanzien freie Radikale unschädlich machen und unseren Körper vor oxidativem Stress schützen. Im Vitalstoff-Glossar (Seite 84) sind alle wichtigen Vitamine, Mineralstoffe und sekundären Pflanzenstoffe aufgeführt und ihr Nutzen für unsere Gesundheit ausführlich beschrieben.

mit dem man seine Shakes, Suppen oder Smoothies bis auf 42 Grad erhitzen kann.

Supergesund dank sekundärer Pflanzenstoffe

Bei den primären bioaktiven Pflanzenstoffen handelt es sich um existenzielle Vitalstoffe wie beispielsweise Enzyme, Vitamine, Mineralstoffe und Spurenelemente sowie ungesättigte Fettsäuren. Die sekundären bioaktiven Pflanzenstoffe nennt man auch Phytochemikalien: Gemeinsam sind sie superstark und entfalten in Körper, Geist und Seele

Prophylaxe aus der Tasse

Sie können die Cup Soups einfach nur genießen, weil sie so lecker sind, und mit dem beruhigenden Gefühl, dass Sie Gutes für Ihren Organismus tun. Vielleicht fühlen Sie sich aber auch schlapp und haben Sorge, die nächste Erkältungswelle mitzunehmen, oder Sie möchten eine familiäre Vorbelastung für eine Krankheit möglichst klein halten. Wählen Sie einfach aus dem entsprechenden Kapitel die für Sie passende Cup Soup aus. Die bioaktiven

Wirkstoffe sind übersichtlich aufgelistet mit genauen Hinweisen, auf welche gesundheitlichen Probleme sie heilenden Einfluss ausüben.

Warum nur 42 Grad?

Ohne Ihnen ein Frozen Yoghurt an heißen Tagen oder einen coolen Drink vermiesen zu wollen, sollten Sie wissen, dass eisgekühlte Speisen und Getränke für den Organismus gleichermaßen einen Schock bedeuten, wie wenn wir sie zu heiß schlucken. Das liegt an der sogenannten Homöostase, der Konstanz des inneren Milieus des Körpers. Sie hält mithilfe von komplexen Regelsystemen unsere normale Körpertemperatur von 37 Grad aufrecht. Wenn Mund, Speiseröhre und Magen entweder sehr hohen oder sehr niedrigen Temperaturen ausgesetzt werden, gerät diese Homöostase aus ihrem Gleichgewicht. Um das Ansteigen bzw. Absinken der Körpertemperatur zu verhindern, werden über das zentrale Nervensystem die Regelsysteme durch Hormonausschüttung der Nebennierenrinde angekurbelt – ein ziemlicher Stress für den Organismus und dazu völlig unnötig. Daher genießen Sie die Cup Soups angenehm temperiert, aber nicht wärmer als 42 Grad.

Unser Verdauungssystem scheut Hitze und Kälte

Warme Nahrung bleibt längere Zeit im Magen, während eisgekühlte Getränke schleunigst in den Darm befördert werden. Extremtemperaturen können sogar Schleimhäute im Mund, in der Speiseröhre und im Magen schädigen und sie greifen den Zahnschmelz an. Da Speiseröhre und Magen nicht mit temperaturempfindlichen Nerven ausgestattet sind, werden die zu hohen bzw. niedrigen Temperaturen nicht wahrgenommen, doch es kommt trotzdem zu Verbrühungen und Verkühlungen. Die Idealtemperatur für alles, was wir zu uns nehmen, liegt streng genommen zwischen 15 und 42 Grad.

Enzyme lieben es kühl

Nicht zu heißes Essen schont nicht nur unseren Magen, sondern auch die wertvollen Inhaltsstoffe von Obst und Gemüse, insbesondere die Enzyme. Enzyme sind Eiweißmoleküle und Eiweiß gerinnt, sobald die Temperatur über 42 Grad ansteigt. Wir kennen das vom

Fieber und von der Schwelle, ab der es richtig gefährlich wird. Genauso verlieren die kostbaren Pflanzenenzyme in unseren Cup Soups ihre belebende Wirkung. Und auch die hitzeempfindlichen Vitamine leiden – es entstehen Verluste zwischen 40 und 100 Prozent.

Lycopin und Beta-Carotin lieben es heiß

Wie war das noch mal? Es heißt doch, dass in Tomatensauce, Tomatenmark und sogar in Ketchup das meiste Lycopin enthalten ist. Sprich, das meiste Lycopin steckt in Tomatenprodukten, die mit Haut verarbeitet werden. Das Gleiche gilt für das Beta-Carotin in Karotten. Und ja, es stimmt, verschiedene sekundäre Pflanzenstoffe wie beispielsweise Beta-Carotin aus Karotten und Lycopin aus der Tomatenhaut werden erst durch hohes Erhitzen freigesetzt. Und diese sekundären Pflanzenstoffe sind superwichtig, da sie eine Barriere gegen krebserregende Substanzen im Körper bilden. Daher fügen wir in den Rezepten, in denen Carotinoide und Lycopin Vorrang haben, Karotten- und Tomatensaft in Bioqualität bei. In solchen Rezepten, in denen es jedoch auf die Heilkraft der Vitamine der Karotte und der Tomate ankommt, wie z. B. der Vitamine C und E, wird dieses Gemüse roh und frisch verarbeitet.

Lignane fühlen sich bei jeder Temperatur wohl

Lignane sind die Tausendsassas unter den sekundären Pflanzenstoffen. Die unscheinbaren Leinsamen trumpfen mit dem höchsten Gehalt an Lignanen auf. Die antioxidative Wirkung der Lignane schützt die Zellen vor gefährlichen freien Radikalen, welche das Erbgut schädigen können. Sie wirken präventiv gegen Herzkreislauferkrankungen, verhindern die Plaquebildung in den Blutgefäßen und senken den schädigenden Cholesterinspiegel im Blut. Und nicht nur das: Lignane wirken auch als Phytoöstrogene, wodurch sie bei hormonabhängigem Krebs wie Brustkrebs vorbeugen und sogar heilend eingreifen können. Bei Männern können Lignane die Prostatagröße reduzieren, denn sie wirken sich positiv auf den Testosteronspiegel aus. Studien haben gezeigt, dass eine fettarme, mit Leinsamen-Lignanen angereicherte Diät, die Männer mit Prostatakrebs erhielten, zu einem reduzierten Testosteronspiegel führte.

Schnippeln, mixen, genießen

Dass Cup Soups gesund sind, das wissen wir nun. Doch wie genau bereite ich sie zu? Alles über die Vorbereitung und Zubereitung steht in diesem Kapitel.

Verwenden Sie nach Möglichkeit Obst und Gemüse aus dem Biolandbau. Biologisch Angebautes ist nicht nur weniger mit Schadstoffen belastet, sondern enthält auch weitaus mehr wertvolle Vitalstoffe – und das schmeckt man förmlich! Bio-Obst und -Gemüse können Sie samt Schale zerkleinern, es muss nur gewaschen oder unter fließendem Wasser geschrubbt werden. Sogar Sellerie muss nicht geschält werden, wenn Sie die Knolle gründlich genug abschrubben. Warum die Schale gut und wichtig ist? In und unter der Schale befinden sich die wertvollsten Inhaltsstoffe, die sonst in die Mülltonne wandern würden – wie schade.

Mix it!

Falls Sie bereits einen Hochleistungsmixer besitzen, ist das prima. Falls nicht, bringt Ihnen der Mixer einer normalen Haushaltsmaschine oder der Thermomix (fast) die gleichen Resultate – und fast perfekt macht schließlich auch glücklich. Das zerkleinerte Gemüse und Obst einfach zusammen mit den flüssigen Zutaten in den Mixer füllen und so lange pürieren, bis eine cremige Konsistenz entsteht. Dann sind alle Ballast- und Faserstoffe aufgeschlossen und gut verdaulich.

Auf Temperatur bringen: Falls Ihr Mixer während des Vorgangs nicht wärmt, gar

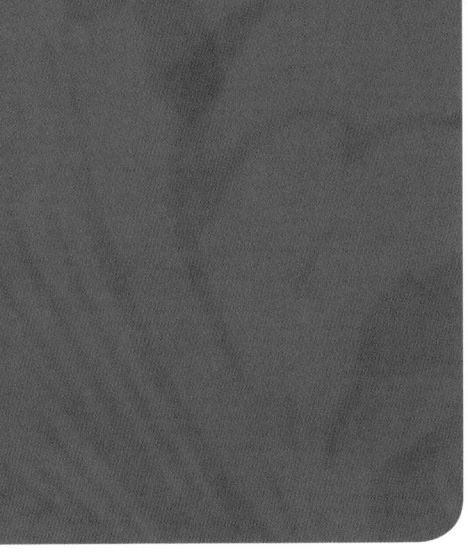

wie beispielsweise Pfeffer, Paprika, Currypulver, Chili, Muskatnuss oder Kurkuma. Versuchen Sie, mit Salz sehr sparsam umgehen, denn es mindert die detoxende Wirkung vieler Gemüsesorten. Besser: 1 Handvoll frische Lieblingskräuter hinzugeben, so bekommt jede Cup Soup ein feines Aroma. Zu den fruchtigen Cup Soups passen Anis, Zimt, Bourbon-Vanille oder etwas Ingwerpulver. Falls Sie unbedingt süßen möchten, dann mit kalt geschleudertem Honig. Oder Sie nehmen einfach etwas mehr von den Natur aus zuckerreichen Früchten wie beispielsweise Ananas oder Banane. Ein Klecks Tahin (Sesammus), Nuss- oder Mandelmus machen die Cup Soups schön samtig.

Gewürze von Brecht: Im Reformhaus bekommen Sie zwei Gewürzkombinationen, mit denen man die Cup Soups verfeinern kann. Delikata, eine pikante Gewürzmischung, passt in die herzhaften Cup Soups. Delifrut, eine Gewürzmischung für Fruchtiges, passt zu den süßen.

kein Problem. Geben Sie den Inhalt in einen kleinen Topf oder eine feuerfeste Suppentaste und erwärmen Sie Ihre Cup Soup auf der Herdplatte unter Rühren auf 42 Grad. Am besten überprüfen Sie die Temperatur mithilfe eines Speisethermometers.

Cup Soups würzen

Würzen ist nicht unbedingt nötig, denn Obst und Gemüse liefern sehr viel Eigengeschmack. Doch wir nutzen einfach zusätzlich die Heilkraft und die Wirkung der sekundären Pflanzenstoffe von Gewürzen! Verwenden Sie frisch gemörserte oder gemahlene Gewürze,

Zu scharf? Zu bitter?

Es kann durchaus sein, dass die eine oder andere Gemüsesorte intensiver oder schärfer schmeckt als beim letzten Mal. Gemüse ist eben ein lebendiges Nahrungsmittel und lässt sich nicht standardisieren. Bevor Ihre Cup Soup im Ausguss landet, probieren Sie es mit Karotten- oder/und Rote-Bete-Saft, so kann man praktisch jede scharf, bitter oder fade schmeckende Cup Soup retten. Einfach 50–100 ml Saft zugeben – eventuell noch ein wenig Hagebuttenmus – und Ihre Cup Soup schmeckt so lecker, wie Sie es sich vorgestellt haben.

Hübsches Süppchen

Nicht nur die Ästheten unter uns lieben einen kontrastreichen Farbtupfer oder eine nette Dekoration auf der Suppe! Darüber gestreute kleine, grüne Kräuterzweige pimpen eine rote oder helle Cup Soup auf. Auch feine Frühlingszwiebelringe und geröstete Samen, Kerne oder Nüsse machen sich gut. Zaubern Sie aus dem, was Sie gerade dahaben, etwas Nettes für den Tassenrand, z. B. Scheiben von Zitrone, Kiwi, Gurke, Zucchini oder Radieschen. Auch in dünne Streifen geschnittene, zu Spiralen gedrehte Orangen- oder Zitronenschalen sehen auf fruchtigen Cup Soups hübsch aus, während Löckchen von Karotten, Petersilienwurzeln oder Zucchini – einfach mit dem Sparschäler abziehen und zu Spiralen drehen –, pikante Cup Soups zieren.

Portionsgrößen

Jede Cup Soup in diesem Buch ist für eine Portion berechnet, etwa für 350–400 ml. Wenn Sie mehrere Portionen brauchen, rechnen Sie einfach die Zutaten hoch. Und es muss auch nicht alles grammgenau abgewogen werden: Wenn das Gewicht der einen oder anderen Zutat etwas abweicht, hat das weder gravierenden Einfluss auf den Geschmack noch auf die Wirkung der Inhaltsstoffe.
Natürlich können Sie Ihre Tagesration auch in einem einzigen Arbeitsgang mixen. 1 Teelöffel Zitronensaft verhindert das Oxidieren und im gut verschlossenen Mixbecher bleibt Ihre Portion im Kühlschrank frisch. Auf Temperatur gebracht, ist Ihre Cup Soup dann ruckzuck trinkfertig.

Enjoy it!

Es ist nicht nur wichtig, was wir essen, sondern auch, wie wir essen. Wir brauchen vor allem während der Mahlzeiten Zeit und Ruhe, denn zu oft schlingen wir kurz in der Mittagspause unser Essen hinunter, schlucken dabei womöglich noch Luft und fühlen uns anschließend weder gut gesättigt noch gestärkt. Im Gegenteil: Oftmals bekommt man die Quittung in Form von bleierner Schwere oder Magendrücken. Sich mit Genuss und Muße dem Geschmack eines leckeren Gerichts hingeben zu können ist in unserer schnelllebigen Zeit zu einer Kunst geworden.

»Mundhöhle an Magen!«

Indem wir das, was wir essen, langsam und gründlich kauen, wird die Nahrung vollständig mit Speichel durchmischt. Je länger wir kauen, desto intensiver wird der Speichelfluss angeregt und die Geschmacksknospen in der Mundhöhle haben ausreichend Zeit, das Aroma der Speisen zu erschmecken. Sie senden Signale über das Zentralnervensystem aus, die die Drüsen im Verdauungstrakt in Gang setzen. Schlucken wir wie ein hungriger Wolf schlecht Zerkleinertes hinunter, ist der Magen noch nicht entsprechend vorbereitet auf die Nahrungsaufnahme und wir fühlen uns anschließend unwohl. Auch der Darm kann einem groben Speisebrei wesentlich weniger Vitalstoffe entziehen als einem feinen.

Wenn der Bauch grummelt

Alle Obst- und Gemüsesorten wirken im Organismus basisch, selbst solche, die sehr sauer schmecken, wie die Zitrone. Naschen wir allerdings kurz danach Süßigkeiten oder weißen Zucker, kann der Darm beginnen zu gären. Die Schuld am Bauchweh trägt in dem Fall aber nicht das Gemüse oder Obst!

Schadstoffe: Was die gefürchteten Schadstoffe betrifft, ist gekochtes Essen nicht weniger belastet als Rohkost, denn Kochen kann Schadstoffe nicht vernichten. Und was die Oxalsäure z. B. in Spinat angeht, ist ungekochter Spinat besser als erhitzter. In Rahmspinat ist Oxalsäure tot und anorganisch, bildet Oxalsäurekristalle in den Nieren, bindet Kalzium an sich und wird mit diesem ausgeschieden. Organische Oxalsäure in frischen Spinatblättern dagegen unterstützt die Kalziumaufnahme im Verdauungskanal und regt gleichzeitig die

Peristaltik (Darmbewegung) an. Ähnlich verhält es sich mit Phosphor. In frischem Gemüse ist er lebensnotwendig und hat vielfältige Aufgaben im Organismus, z. B. für die Hirnfunktionen. Phosphate in Fertiggerichten, Cola, mit Kunstsauer gebackenem Brot, in Wurst und manchen Käsesorten hingegen kann unter anderem sogar Hyperaktivität hervorrufen.

Ihnen droht kein Eiweißmangel

Selbst wenn Sie sich 2–4 Wochen lang ausschließlich von Cup Soups ernähren, droht kein Eiweißmangel. Es gibt keinen zuverlässigeren Indikator für die Höhe unseres Eiweißbedarfs als die Muttermilch. Wir können uns darauf verlassen, dass der Natur kein Fehler unterläuft, wenn sie dem Säugling zur gesunden Entwicklung 1,5–2 Prozent Eiweiß in der Muttermilch zur Verfügung stellt. Diese Proteinzufuhr ermöglicht dem Kind, sein Geburtsgewicht in etwa 6 Monaten zu verdoppeln und in ungefähr zwölf Monaten zu verdreifachen.

Dagegen braucht sich der erwachsene Mensch nur noch für seinen Erhaltungs- und Betriebsstoffwechsel zu sorgen. Wir brauchen keine großen Mengen Fleisch, Fisch, Milch und Eier. Wir können der Natur vertrauen, die unsere Nahrungspflanzen mit einem Eiweißgehalt ähnlich dem der Muttermilch bedacht hat. Wir zweifeln ja auch nicht an der enormen Kraft pflanzenfressender Pferde, Rinder oder Elefanten. Ihr Eiweiß- und Mineralstoffbedarf ist durch pure Pflanzennahrung – Gras, Gemüse und/oder Obst – absolut ausreichend gedeckt!

Ihre Cup-Soups-Woche: Falls Sie eine Kur machen möchten, essen Sie am besten nur solche Cup Soups, die ein bestimmtes Krankheitsbild vertreiben sollen – und davon 3–4 Cup Soups am Tag. Dazwischen trinken Sie Früchte- oder Kräutertee. Schon nach einer Woche fühlt man sich leichter und frischer, Schmerzen lassen nach, die Heilung beginnt.

Alles Wichtige für die Cup Soups auf einen Blick

Von Paprika und Peperoni werden vor dem Pürieren Stiel und Kerngehäuse entfernt. Frische Ananas wird geschält, ebenso wie Avocados und Bananen.

Melonen, Papayas, Mangos und Birnen werden geschält und entkernt, während Äpfel samt Schale, aber ohne Kerngehäuse verwertet werden. Zitrusfrüchte aus dem Biolandbau können Sie sogar ungeschält pürieren! (Insbesondere wenn das Rezept nach den wertvollen Inhaltsstoffen der Schale verlangt.)

Frische Kräuter ziehen Sie einfach kurz durch eine Schüssel mit kühlem Wasser, schütteln sie in einem Küchenhandtuch trocken und verwenden sie mit Blatt und Stiel, solange es sich um weiche Stiele handelt. Übrigens dürfen Sie auch tiefgekühltes Obst und Gemüse verwenden, aber bitte nicht solches aus der Dose, denn in Dosen-Vegetables ist wirklich kaum mehr Gutes drin. Einzige Ausnahme: vorgegarte Hülsenfrüchte aus der Dose!

Kohl: Gerade bei robusten Kohlsorten wie Grünkohl oder Weißkohl stellt sich die Frage, ob man die dicken Blattrippen vor dem Zerkleinern entfernt. Machen Sie das ganz nach Ihrem Geschmack! Ich verwende sie immer mit, das muss man aber nicht zwingendermaßen. Die Rippen bringen eine Extraportion Ballaststoffe mit.

Ingwer soll keinesfalls geschält werden, da selbst die dünne Haut Glutathion enthält!

Einkaufsliste für den Bioladen

Anstelle von Obstsorten, die frisch nicht erhältlich sind, wie z. B. Acerolakirsche und Sanddorn, greifen Sie einfach zu Produkten aus dem Bioladen. Sie müssen nicht alles auf Vorrat haben. Nussmus, Säfte und Öle können Sie gerne auch mal durch andere ersetzen, wenn Ihnen eine Zutat ausgeht, die Sie für Ihr Rezept brauchen.

In den Rezepten wird verwendet:
- Acerolakirschsaft
- Sanddornsaft
- ungesüßtes Hagebuttenmus
- Delikata, pikante Gewürzmischung (Reformhaus)
- Delifrut, Gewürzmischung für Fruchtiges (Reformhaus)
- Honig oder ein Dicksaft, der Ihnen schmeckt (Agaven-, Apfel- oder Birnendicksaft)
- verschiedene Säfte, jeweils in Bio-Qualität – wenn Sie eine Saftpresse zu Hause haben, dürfen Sie natürlich auch selbst pressen!
- verschiedene Nussmuse

- Erdnuss-, Mandel-, Sonnenblumen-kern- und Sesammus (Tahin)
- ungesüßter Tomatenketchup von Byodo
- Weizenkeimöl, Walnussöl, Distelöl, Sonnenblumenöl, Sesamöl, Trauben-kernöl und Senföl, jeweils kalt ge-presst

Zeit sparen
Für einige Rezepte benötigen Sie ge-kochte Linsen oder Sojabohnen. Entwe-der Sie nehmen Dosenware oder Hül-senfrüchte aus dem Glas oder kochen auf Vorrat selbst. Und das geht so:

Sojabohnen kochen: 150 g getrock-nete Sojabohnen über Nacht in reich-lich Wasser einweichen. Die gequolle-nen Bohnen in ein Sieb geben, abspülen und anschließend wiegen. In einen gro-ßen Topf schütten und etwa die 4-fache Menge frisches Wasser hinzufügen, zum Kochen bringen und **ohne Salz** etwa 2–3 Stunden lang zugedeckt kö-cheln lassen. Ab und zu gelöste Boh-nenhäutchen abschöpfen

Die gegarten Bohnen noch heiß in große saubere Schraubgläser füllen, den Deckel aufsetzen und fest ver-schließen. Nach dem Abkühlen im Kühlschrank aufbewahren. Sie halten sich mindestens eine Woche.

Linsen kochen: 250 g schnell garende rote Linsen oder grüne Linsen in ein Sieb geben, abspülen und zusammen mit 2 EL Zitronensaft in 400 ml Brühe aufkochen und etwa 10 Min. zugedeckt köcheln lassen. Die gegarten Linsen noch heiß in große saubere Schraub-gläser füllen, den Deckel aufsetzen und fest verschließen. Nach dem Abkühlen im Kühlschrank aufbewahren. Sie hal-ten sich mindestens eine Woche.

Kräuterpulver mixen: Wenn gerade keine frischen Kräuter zur Hand sind oder wenn es besonders schnell gehen muss, kommt unser Vorrat an selbst gemixtem Kräuterpulver zum Ein-satz. Verwenden Sie hierzu gerebelte Kräuter. Geben Sie jeweils 2 EL Basili-kum, Dill, Estragon, Kerbel, Liebstöckel, Ysop und Petersilie und je 1 EL Majo-ran, Oregano, Rosmarin, Thymian so-wie ½ EL Salbei in den Mixbecher und verarbeiten alles zu feinem Pulver. Im Schraubglas aufbewahrt, behält die Mi-schung monatelang ihr feines Aroma. Für eine Cup Soup genügt ½–1 TL.

Aus lauter guten Zutaten

Selbst gemachte gekörnte Gemüsebrühe

- 280 g Gemüsezwiebeln
- 2–4 Knoblauchzehen
- 200 g Karotten
- 200 g Sellerie
- 100 g Lauch
- 1 Bund Petersilie
- 1 Bund Liebstöckel
- 1 Bund Kerbel
- 150 g Meersalz

● Zwiebeln und Knoblauch abziehen. Karotten und Sellerie waschen. Lauch waschen und putzen.

● Die Kräuter waschen, trocken schleudern und mitsamt den Stängeln hacken.

● Die übrigen Zutaten in der Küchenmaschine mit der feinen Reibescheibe zerkleinern. Anschließend das Salz gründlich mit dem Gemüsebrei vermengen. Zwei Bleche mit Backpapier auslegen und den Brei dünn aufstreichen. Im Backofen bei 90 Grad Umluft 5–6 Stunden dörren, bis der Gemüsebrei vollständig ausgetrocknet ist.

● Die Masse im Mixer zu Pulver verarbeiten und in ein Schraubglas füllen. Das Salz konserviert das Pulver und macht es etwa 1 Jahr haltbar. 1 TL ergibt 200–250 ml Gemüsebrühe.

Cup-Soup-Cooking

Waschen, schnippeln, mixen! Fertig ist eine Tasse, randvoll mit wertvollen bioaktiven Pflanzenstoffen. Cup Soups gelingen auch absoluten Beginnern.

Detoxing

Jede Menge Gemüse und Obst, lauter basisch-gesunde Zutaten und reichlich Vitalstoffe für den »Hausputz.«

Wer sich nicht gerade vegan ernährt und jede Mahlzeit selbst frisch und vollwertig ohne weißes Mehl und Zucker zubereitet, isst in aller Regel auch vieles, was unser Körper nicht braucht oder nicht verwerten kann. Darüber hinaus sind wir unendlich vielen Umweltschadstoffen ausgesetzt und auch Lebensmittel und Kosmetik können mit Pestiziden und Chemikalien belastet sein. Auch eine Übersäuerung durch zu viel Kaffee, Zucker und tierisches Eiweiß spürt man langfristig, man fühlt sich schlapp, einfach unwohl und die Haut spiegelt unseren Zustand wider.

Grund genug, unseren Körper durch einen Hausputz zu entlasten! Wer eine Weile auf tierisches Protein verzichtet und dafür reichlich reife und frische Früchte und Gemüse isst, führt seinem Körper reichlich Basen, Vitamine und Mineralien zu. Die nachfolgenden Cup Soups sind speziell für das Detoxing entwickelt und unterstützen die Leber, reinigen Gefäße oder helfen dabei, Schwermetalle aus dem Körper zu transportieren.

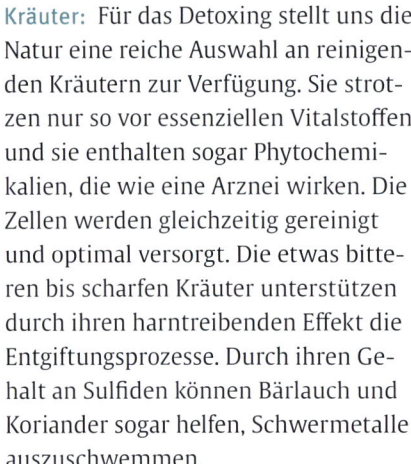

Kräuter: Für das Detoxing stellt uns die Natur eine reiche Auswahl an reinigenden Kräutern zur Verfügung. Sie strotzen nur so vor essenziellen Vitalstoffen und sie enthalten sogar Phytochemikalien, die wie eine Arznei wirken. Die Zellen werden gleichzeitig gereinigt und optimal versorgt. Die etwas bitteren bis scharfen Kräuter unterstützen durch ihren harntreibenden Effekt die Entgiftungsprozesse. Durch ihren Gehalt an Sulfiden können Bärlauch und Koriander sogar helfen, Schwermetalle auszuschwemmen.

Blattgemüse: Grünes Gemüse enthält besonders viel vom grünen Blattfarbstoff Chlorophyll und hilft, Umweltgifte wie Schwermetalle und Pestizide auszuschwemmen und die Leber zu schützen. Es macht auch Sinn, gleichzeitig auf säurebildende Lebensmittel – Zucker, Kuchen, Weißmehlbrötchen, Fleisch etc. – zu verzichten, denn in einem sauren Milieu erhöht sich die Reaktionsfähigkeit von Schwermetallen wie Quecksilber.

Grüner Spargel: Die grünen Stängel sind wahrhaftige Vitaminspritzen. Gerade in grünem Spargel stecken große Mengen Vitamin A, C und E sowie Folsäure und andere B-Vitamine. Dazu kommen reichlich sekundäre Pflanzenstoffe – Glykoside, Flavonoide und Saponine. Saponine sind beispielsweise hervorragend zum Entgiften und Ausschwemmen von Schadstoffen, z. B. Schwermetallen, geeignet. Spargel ist deswegen so wertvoll für das Detoxing, weil die enthaltende Aminosäure Asparagin die Entgiftung zusätzlich unterstützt.

Limette, grüne Stachelbeeren: Wenn es um Entgiftungsprozesse im Körper geht, spielt Vitamin C eine große Rolle. Es ist das Detoxing-Vitamin Nummer eins und wirkt mit, die Giftstoffe zu lösen und hinauszubefördern. Daher enthalten die Entgiftungs-Cup-Soups auch hohe Mengen Vitamin C. Stachelbeeren sind ebenfalls sehr gehaltvoll: Schon 150 g der säuerlichen Beeren decken den Tagesbedarf. Darüber hinaus wirkt ihr hoher Kaliumgehalt entwässernd, wodurch die aus der Leber gelösten Giftstoffe ausgeleitet werden.

Detox Wheatgrass

》 Schwermetallmagnet, Selen, Vitamin C und Sulfide

40 g Paranüsse • 100 g Babyspinat • 100 g Babymangold • 1 Knoblauchzehe • 1 TL Bockshornkleepulver • 1–2 TL Rapsöl • 150 ml Weizengrassaft (alternativ 150 ml Wasser + 1 TL Weizengraspulver) • Gemüsebrühe • ½–1 TL Honig oder Dicksaft • 1 Msp. Delikata Gewürzmischung • je 1 Msp. Kräutersalz, Korianderpulver und Pfeffer • 1 TL Sesamsaat zum Bestreuen

● Die Paranüsse im Mixer pulverisieren. Spinat und Mangold waschen, trocken schleudern und zerkleinern. Knoblauch abziehen und vierteln.

● Alle Zutaten im Mixer fein pürieren und eventuell Gemüsebrühe hinzufügen, bis die gewünschte Konsistenz erreicht ist. Mit Honig und den Gewürzen abschmecken und mit Sesamsaat bestreuen.

Variante mit anderen Sulfid-Veggies
Knoblauch, Zwiebeln, Bärlauch, Schnittlauch, Porree.

Walnut Cleanser

》 Reich an Ellagsäure, Vitaminen A, C, E und Saponinen

40 g Walnüsse • 150 g grüner Spargel • 3 Blätter Liebstöckel • 1–2 TL Hagebuttenmus • 1 EL Limettensaft • 150 ml Stachelbeersaft • 1–2 TL Weizenkeimöl • Ingwertee oder stilles Mineralwasser • ½–1 TL Honig oder Dicksaft • 1 Msp. Delifrut Gewürzmischung • 1 Msp. Anispulver

● Die Nüsse im Mixer pulverisieren. Die untere Hälfte des Spargels dünn schälen. Spargelstangen klein schneiden. Liebstöckel waschen und zupfen. Einige Blättchen beiseitelegen.

● Alle Zutaten im Mixer fein pürieren. Ingwertee hinzufügen, bis die Cup Soup die gewünschte Konsistenz erreicht hat. Mit Honig und Gewürzen pikant abschmecken und mit Liebstöckel garnieren.

Variante mit anderen Saponin-Veggies
Sesam, Bockshornkleesamen, Mais, Mangold, Tomaten, Zuckerrüben, Boretsch, Salbei, Spitzwegerich.

Go Green

≫ Optimale Entgiftung mit Vitamin B_2, B_5 und C sowie Mangan

100 g Brokkoli • 100 g Rosenkohl • 1 EL Kresse • 10 ml Löwenzahnsaft (ist sehr bitter!) • 1 TL Schabzigerkleepulver • 250 g Gurke • 1–2 TL Sonnenblumenöl • 1 EL Haselnussmus • Gemüsebrühe • ½–1 TL Honig oder Dicksaft • 1 Msp. Delikata Gewürzmischung • je 1 Msp. Kräutersalz, Pfeffer und Chilipulver

● Gemüse waschen und in grobe Stücke schneiden. Kresse waschen und etwas Kresse beiseitelegen. Gurke schälen und in Stücke schneiden.

● Alle Zutaten im Mixer fein pürieren. So viel Gemüsebrühe hinzufügen, bis die Cup Soup die gewünschte Konsistenz erreicht hat. Mit Honig und Gewürzen pikant abschmecken und mit Kresse garnieren.

Variante mit anderen Vitamin-B_5-Veggies Kerne, Nüsse, Blumen- und Grünkohl, Mais, Oliven, Avocado, Aprikosen, Datteln, Feigen, Himbeeren, Preiselbeeren, Wassermelone.

Sugar Beet

≫ Baut Ödeme ab mit Saponinen, Vitamin B_1, B_2 und Glutathion

1 kleine Zuckerrübe, ca. 200 g (alternativ Zuckermaiskolben) • ½ TL Süßholzwurzelpulver • 150 ml Grünkohlsaft • 1–2 TL Sonnenblumenöl • 1 EL Mandelmus • Gemüsebrühe • ½–1 TL Honig oder Dicksaft • 1 Msp. Delikata Gewürzmischung • je 1 Msp. Salz und Anispulver

● Die Zuckerrübe unter fließendem Wasser abbürsten. Mit dem Sparschäler einen feinen Streifen von der Zuckerrübe abschälen und beiseitelegen. Anschließend die Rübe in Stücke schneiden.

● Alle Zutaten im Mixer fein pürieren. So viel Gemüsebrühe hinzufügen, bis die gewünschte Konsistenz erreicht ist. Mit Honig und Gewürzen pikant abschmecken und mit einem Röllchen Zuckerrübe garnieren.

Sauerkraut Power

Vitamin C Booster

>> Darmreinigung mit Saponinen, Vitamin A , E und B-Vitaminen

150 g Sauerkraut • 1 Apfel • 2 TL Flohsamenschalen • 1 TL Bockshornkleepulver • 200 ml Gerstengrassaft (alternativ 200 ml stilles Wasser + 1 TL Gerstengraspulver) • 1–2 TL Olivenöl • 1 EL Tahin (Sesammus) • Ingwertee oder stilles Mineralwasser • ½–1 TL Honig oder Dicksaft • 1 Msp. Delikata Gewürzmischung • je 1 Msp. Kräutersalz und Chilipulver

• Sauerkraut sehr klein schneiden, damit es sich nicht um die Messer des Mixers wickelt. Den Apfel waschen, 2 schmale Spalten abschneiden und beiseitelegen. Restlichen Apfel entkernen und in Stücke schneiden.

• Alle Zutaten im Mixer unter Zugabe von Ingwertee bis zur gewünschten Konsistenz pürieren. Mit Honig und Gewürzen pikant abschmecken und mit den Apfelspalten garnieren.

>> Leberentgiftung mit Vitamin C, Eisen und Glucosinolaten

½ kleine Avocado • 150 g Grünkohl • 2 Bärlauchblätter • 1–2 TL Hagebuttenmus • 200 ml Stachelbeersaft • 1 EL Mandelmus • Ingwertee oder stilles Mineralwasser • ½–1 TL Honig oder Dicksaft • 1 Msp. Delikata Gewürzmischung • je 1 Msp. Kräutersalz, Pfeffer und Cumin

• Die Avocado halbieren, entsteinen und aus einer Hälfte das Fruchtfleisch ausschaben. Grünkohl und Bärlauchblätter waschen, trocken schütteln und klein schneiden.

• Alle Zutaten im Mixer fein pürieren. So viel Ingwertee hinzufügen, bis die gewünschte Konsistenz erreicht ist. Mit Honig und Gewürzen pikant abschmecken.

>> Vitamin C Booster

Blood Cleanser

>> Natürliche Blutreinigung mit Asparaginsäure und Sulfiden, Vitamin C und B_1

2 Stängel grüner Spargel • 100 g Babyspinat • 1 cm Ingwer • 1–2 TL Hagebuttenmus • 10 ml Bärlauchsaft (sehr bitter) • 200 ml Tomatensaft • 1–2 TL Leinöl • 1 EL Erdnussmus • Gemüsebrühe • ½–1 TL Honig oder Dicksaft • 1 Msp. Delikata Gewürzmischung • je 1 Msp. Kräutersalz, Pfeffer und Cumin • 1 TL Sesamsaat zum Bestreuen

● Spargel waschen und die untere Hälfte schälen. Spargel klein schneiden. Spinat waschen, trocken schütteln und klein schneiden. Ingwer waschen und in Scheiben schneiden.

● Alle Zutaten im Mixer fein pürieren. So viel Gemüsebrühe hinzufügen, bis die Cup Soup die gewünschte Konsistenz erreicht hat. Mit Honig und Gewürzen pikant abschmecken und mit Sesamsaat bestreuen.

Drink Your Salad

>> Reguliert die Säure-Basen-Balance mit Kalium und Vitamin B_2, C, E

150 g Rucola • 100 g Wirsingblätter • 1 Banane • 1 cm Ingwer • 1 TL gemischte Kräuter (tiefgekühlt) • 1 TL Schabzigerkleepulver • 200 ml Gerstengrassaft (alternativ 200 ml stilles Wasser + 1 TL Gerstengraspulver) • 1–2 TL Weizenkeimöl • 1 EL Cashewmus • Ingwertee oder stilles Mineralwasser • ½–1 TL Honig oder Dicksaft • je 1 Msp. Kräutersalz, Pfeffer, Chili- und Kardamompulver

● Salat und Wirsing waschen und trocken schleudern. Ein paar Salatblättchen zum Garnieren beiseitelegen. Wirsing klein schneiden, die Banane schälen. Ingwer waschen und grob würfeln.

● Alle Zutaten in den Mixer geben und, wenn notwendig, unter Zugabe von Ingwertee bis zur gewünschten Konsistenz pürieren. Mit Honig und Gewürzen pikant abschmecken und mit Salatblättchen garnieren.

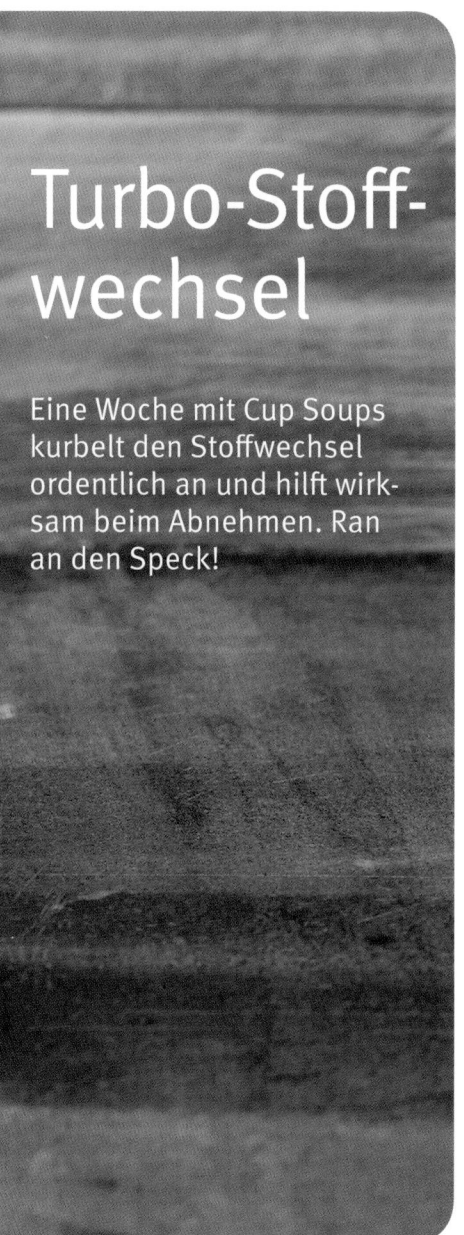

Turbo-Stoffwechsel

Eine Woche mit Cup Soups kurbelt den Stoffwechsel ordentlich an und hilft wirksam beim Abnehmen. Ran an den Speck!

Was wird denn hier »gewechselt«? Und wie kurbelt man den Stoffwechsel an, wenn man abnehmen möchte? Zunächst einmal: Natürlich werden keine Nahrungsstoffe wie Geldscheine gewechselt, sondern es geht um Substanzen wie Eiweiße, Kohlenhydrate und Fette, die unter Mitwirkung von bioaktiven Vitalstoffen im Magen und im Darm in ihre Bestandteile zerlegt werden. Kohlenhydrate werden zu Glukose, Eiweiße zu Aminosäuren und Fette zu Fettsäuren und Glyceriden umgebaut. Alle Stoffe werden so klein gespalten, dass sie in das Blut geleitet werden können.

Wir sind also dazu in der Lage, unseren Stoffwechsel aktiv anzukurbeln, indem wir vitalstoffreiche Lebensmittel essen (und uns zusätzlich ausreichend bewegen). Nur Lebensmittel, die alle lebenswichtigen Vitalstoffe enthalten, kann der Organismus mühelos zu einem optimalen Gewebe aufbauen!

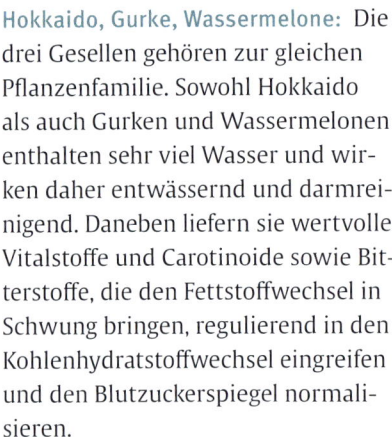

Hokkaido, Gurke, Wassermelone: Die drei Gesellen gehören zur gleichen Pflanzenfamilie. Sowohl Hokkaido als auch Gurken und Wassermelonen enthalten sehr viel Wasser und wirken daher entwässernd und darmreinigend. Daneben liefern sie wertvolle Vitalstoffe und Carotinoide sowie Bitterstoffe, die den Fettstoffwechsel in Schwung bringen, regulierend in den Kohlenhydratstoffwechsel eingreifen und den Blutzuckerspiegel normalisieren.

Chili: Mit Chili heizen wir unserem Stoffwechsel so richtig ein. Der Wirkstoff Capsaicin, der für die Schärfe der Schoten verantwortlich ist, regt den Organismus dazu an, die Hormone Adrenalin und Dopamin auszuschütten – sie bringen uns zum Schwitzen und unser Körper verbrennt dadurch Kalorien! Man war lange der Meinung, dass das scharfe Capsaicin die Schleimhäute von Mund und Magen angreift. Ganz im Gegenteil! Dieser Stoff wirkt sogar entzündungshemmend und heilend.

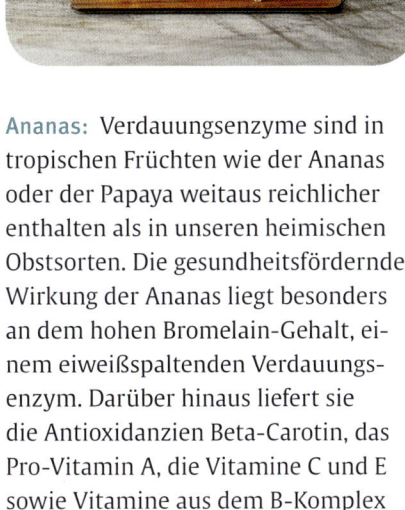

Ananas: Verdauungsenzyme sind in tropischen Früchten wie der Ananas oder der Papaya weitaus reichlicher enthalten als in unseren heimischen Obstsorten. Die gesundheitsfördernde Wirkung der Ananas liegt besonders an dem hohen Bromelain-Gehalt, einem eiweißspaltenden Verdauungsenzym. Darüber hinaus liefert sie die Antioxidanzien Beta-Carotin, das Pro-Vitamin A, die Vitamine C und E sowie Vitamine aus dem B-Komplex wie Thiamin (Vitamin B_1), Riboflavin (Vitamin B_2), Niacin (Vitamin B_3) und Biotin (Vitamin B_7).

Papaya enthält das für den Menschen wertvolle eiweißaufspaltende Enzym Papain. Dieser Wirkstoff unterstützt beispielsweise nach einer Antibiotika-Behandlung den Aufbau einer gesunden Darmflora. Außerdem ist die Papaya eine ausgiebige Quelle für Magnesium, Kalium und B-Vitamine wie Folsäure (Vitamin B_9) und Pantothensäure (Vitamin B_5). Vitamin B_5 ist ein Vitamin, das eine äußerst wichtige Rolle im Kohlenhydrat-, Fett- und Eiweißstoffwechsel des menschlichen Körpers spielt.

Cholesterin Buster

Papaya Therapy

>> Mit Omega-3-Fettsäuren, Anthozyanen und Vitamin E

>> Belebt die Darmflora mit Papain, Schleimhautschutzvitaminen A, E und B-Vitaminen

1 kleine unbehandelte Limette • 100 g Hokkaido-Kürbisfruchtfleisch • 100 g Heidelbeeren (tiefgekühlt) • 1–2 TL Rapsöl • 200 ml Ananassaft • 1 EL Erdnussmus • Ingwertee oder stilles Mineralwasser • ½–1 TL Honig oder Dicksaft • 1 Msp. Delifrut Gewürzmischung • je 1 Msp. Harissa- und Bourbon-Vanillepulver • Salz nach Geschmack

1 kleine reife, gelbe Papaya • 250 g Gurke • 1–2 TL Weizenkeimöl • 1 EL Sonnenblumenkernmus • Ingwertee oder stilles Mineralwasser • ½–1 TL Honig oder Dicksaft • 1 Msp. Delifrut Gewürzmischung • je 1 Msp. Salz und Harissa

● Die Limette waschen, trocken reiben und ungeschält in Stücke schneiden. Kürbis waschen, die Kerne entfernen und das Fruchtfleisch grob würfeln.

● Papaya waschen und der Länge nach aufschneiden. Die Kerne herausschaben und für andere Zwecke verwenden. Das Papayafruchtfleisch aus der Schale schaben. Die Gurke schälen und grob zerkleinern.

● Alle Zutaten in den Mixer geben und fein pürieren. Eventuell etwas Ingwertee hinzufügen, bis die gewünschte Konsistenz erreicht ist. Mit Honig und den Gewürzen pikant abschmecken.

● Alle Zutaten in den Mixer geben und unter laufender Zugabe von Ingwertee bis zur gewünschten Konsistenz pürieren. Mit Honig und den Gewürzen pikant abschmecken.

Tipp Vitamin E fördert die Fließeigenschaften des Blutes und dessen Sauerstoffversorgung sowie die Erweiterung verengter Blutgefäße.

Fresh Watermelon

>> Reguliert den Wasserhaushalt mit Saponinen, Omega-3-Fettsäuren und B-Vitaminen

200 g Wassermelonen-Fruchtfleisch • 200 g Ananas-Fruchtfleisch • 1–2 TL Hagebuttenmus • 1 Msp. Sambal Oelek • 1–2 TL Rapsöl • 1 EL Cashewmus • Ingwertee oder stilles Mineralwasser • ½–1 TL Honig oder Dicksaft • 1 Msp. Delifrut Gewürzmischung • je 1 Msp. Salz und Chilipulver

● Aus der Melone die Kerne entfernen. Ananas-Fruchtfleisch und Melone in Stücke schneiden.

● Alle Zutaten in den Mixer geben und unter laufender Zugabe von Ingwertee bis zur gewünschten Konsistenz pürieren. Mit Honig und den Gewürzen pikant abschmecken.

Blood Booster

>> Für gute Fließeigenschaften des Blutes. Vitamine B_1, B_2, Anthozyane und Omega-3-Fettsäuren

1 Knoblauchzehe • 1 unbehandelte Blutorange • 150 g Hokkaido-Fruchtfleisch • 200 ml Rote-Bete-Saft • 1–2 TL Leinöl • 1 EL Mandelmus • Ingwertee oder stilles Wasser • ½–1 TL Honig oder Dicksaft • 1 Msp. Delikata Gewürzmischung • je 1 Msp. Salz und Harissa

● Knoblauchzehe abziehen und vierteln. Die Orange waschen und ungeschält in Stücke schneiden. Alle Kerne entfernen. Den Kürbis waschen, entkernen und zerkleinern.

● Alle Zutaten fein pürieren. Etwas Ingwertee hinzufügen, bis die gewünschte Konsistenz erreicht ist. Mit Honig und den Gewürzen pikant abschmecken.

Tipp Vitamin C steckt besonders in der Schale von Zitrusfrüchten. Es regt die Produktion von Noradrenalin an, welches die Fettverbrennung auf Touren bringt.

Hokkaido Kick

>> Regulieren den Fett-Stoffwechsel: Omega-3-Fettsäuren, Bitterstoffe und Vitamin C

30 g Paranüsse • ½–1 kleine rote Chili-schote • 200 g Hokkaido-Kürbisfrucht-fleisch • 1 TL Paprikamark • 200 g Tomatensaft • 1–2 TL Olivenöl • Gemüse-brühe • ½–1 TL Honig oder Dicksaft • 1 Msp. Delikata Gewürzmischung • je 1 Msp. Kräutersalz und Kurkumapulver • ½ TL rote Pfefferbeeren

● Die Paranüsse im Mixer pulveri-sieren. Die Chilischote waschen, der Länge nach halbieren, putzen und die Kerne entfernen. Kürbis waschen, ent-kernen und ebenfalls zerkleinern.

● Alle Zutaten in den Mixer geben und unter laufender Zugabe von Gemüse-brühe bis zur gewünschten Konsis-tenz pürieren. Mit Honig und den Ge-würzen pikant abschmecken. Mit roten Pfefferbeeren garnieren.

◄◄ Hokkaido Kick

Glucose Manager

>> Regulieren den Blutzuckerspiegel: Bitterstoffe, Arginin, Inulin, Zink und Mangan

½ kleine Avocado • 1 kleine Zucchini • 200 g Wassermelonen-Fruchtfleisch • 1–2 TL Rapsöl • 1 EL Erdnussmus • Ing-wertee oder stilles Mineralwasser • ½–1 TL Honig oder Dicksaft • 1 Msp. De-likata Gewürzmischung • je 1 Msp. Salz und Harissa

● Die Avocado halbieren und aus einer Hälfte das Fruchtfleisch herausscha-ben. Zucchini waschen, putzen und in Stücke schneiden. Kerne aus der Me-lone entfernen und das Fruchtfleisch grob zerkleinern.

● Alle Zutaten mit etwas Ingwertee pürieren, bis die gewünschte Konsis-tenz erreicht ist. Mit Honig und den Gewürzen pikant abschmecken.

Tipp Bitterstoffe wirken regulierend auf den Kohlenhydratstoffwechsel – sie normalisieren den Blutzuckerspiegel und haben fettschmelzende Eigen-schaften.

I love Chili

>> Mit Capsaicin und Glutathion, Folsäure und B-Vitaminen

200 g Gurke • 50 g grüne, milde Chilischoten • je 100 ml Grünkohl- und Papayasaft • 1 EL Cashewmus • Gemüsebrühe • 1–2 TL Honig oder Dicksaft • 1 Msp. Delikata Gewürzmischung • ½ TL Kräutersalz

● Die Gurke schälen und grob würfeln. Chilischoten waschen, putzen, entkernen und klein schneiden.

● Alle Zutaten im Mixer fein pürieren. Wenn nötig, Gemüsebrühe hinzufügen, bis die gewünschte Konsistenz erreicht ist. Mit Honig und den Gewürzen pikant abschmecken.

Tipp Das B-Vitamin Folsäure brauchen wir für die Bildung der DNS, des Trägers unseres Erbgutes, sowie der RNS, dessen Überträger. Außerdem hilft Folsäure dem Vitamin B_{12} (Cobalamin) bei der Bildung und Vermehrung von roten Blutkörperchen.

Protein Pusher

>> Unterstützt den Eiweißstoffwechsel mit Papain, Bromelain und Cholin

100 g Papayafruchtfleisch • 1 Scheibe Ananas, ca. 100 g • 1–2 cm Ingwer • 200 ml Karottensaft • 1–2 TL Rapsöl • 1 EL Tahin (Sesammus) • Ingwertee oder stilles Mineralwasser • ½–1 TL Honig oder Dicksaft • 1 Msp. Delifrut Gewürzmischung • je 1 Msp. Salz und Chilipulver

● Papaya waschen, trocken tupfen, halbieren, entkernen und aus einer Hälfte das Fruchtfleisch herauslöffeln. Die Ananasscheibe schälen und in Stücke schneiden. Ingwer waschen und in Scheiben schneiden.

● Alle Zutaten in den Mixer geben und fein pürieren. Eventuell etwas Ingwertee hinzufügen, bis die gewünschte Konsistenz erreicht ist. Mit Honig und den Gewürzen pikant abschmecken.

●> Protein Pusher

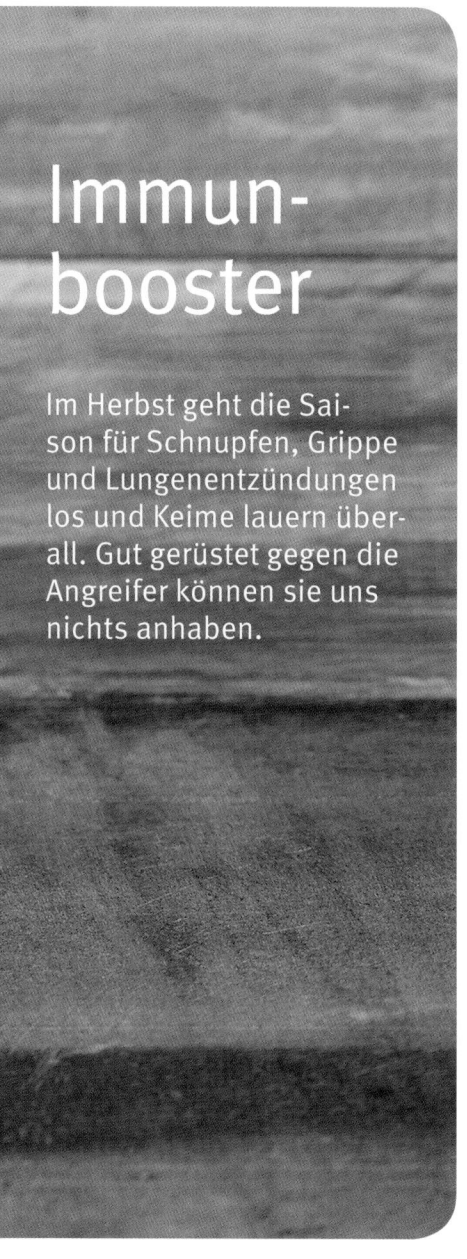

Immun-booster

Im Herbst geht die Saison für Schnupfen, Grippe und Lungenentzündungen los und Keime lauern überall. Gut gerüstet gegen die Angreifer können sie uns nichts anhaben.

Wenn Jahr für Jahr im Frühjahr bei wechselnd warmem und kühlem Wetter und in nasskalten Herbst- und Wintermonaten eine Erkältung die andere jagt, könnten die Immunbooster Ihre besten Freunde werden. Selbst harmlose Infekte können ganz schön schlauchen, gerade wenn einer dem nächsten folgt.

Die Cup Soups in diesem Kapitel unterstützen und revitalisieren das Immunsystem. Solange das Immunsystem intakt ist, sind Enzyme im Speichel und in der Tränenflüssigkeit laufend damit beschäftigt, Erreger und Keime abzutöten. In der Luftröhre umschließen Schleime solche Störenfriede und transportieren sie durch kräftiges Husten nach außen. Im Magen werden viele Eindringlinge durch die Magensäure vernichtet und im Darm durch die Darmflora neutralisiert. Ist das Immunsystem jedoch geschwächt und den Angreifern nicht mehr gewachsen, bauen die Immunbooster-Cup-Soups innerhalb von kurzer Zeit einen wirksamen Schutzschild gegen die lästigen Infektauslöser auf.

Grünkohl, oder auch Kale, enthält den Eiweißstoff Glutathion, der als eines der stärksten Antioxidanzien überhaupt gilt. Er stimuliert das Immunsystem, indem er die Produktion weißer Blutkörperchen anregt. Weitere antioxidativ wirkende Vitalstoffe und Phytochemikalien bilden natürliche Schutzschilde gegen zahlreiche Krankheiten und natürlich auch bei der Infektabwehr. Die enthaltenen Carotinoide, deren orange-rote Farbe durch das grüne Chlorophyll des Grünkohls überdeckt wird, wirken nicht nur antioxidativ, sondern auch entzündungshemmend.

Weißkohl, Sauerkraut: Die in Weißkohl enthaltenen Antioxidanzien aktivieren die körpereigenen Abwehrkräfte und bauen Entzündungen ab. Sie unterstützen den gesamten Organismus in seinem Heilungsprozess. Die Glucosinolate helfen dem Körper durch ihre antibiotische Wirkung ebenfalls bei seiner Abwehrarbeit. Zu Sauerkraut verarbeiteter Weißkohl ist ein probiotisches Lebensmittel voller hochwirksamer und lebenswichtiger Mikroorganismen. Die Milchsäure des Sauerkrauts normalisiert die von Infekten geplagte Darmflora und verhilft ihr zu einem optimalen pH-Wert.

Zitrusfrüchte, Guave: Die Guave schlägt in ihrem Vitamin-C-Gehalt jede Zitrusfrucht um Längen. Diese exotische Frucht, die in Deutschland zunehmend mehr Freunde findet, enthält mehr von dem als Antioxidans wirkenden Vitamin C als fünf Zitronen! Guaven sind außerdem reich an Beta-Carotin. Beta-Carotin wird im Körper in Vitamin A umgewandelt, das zu den Antioxidanzien gehört und zusammen mit weiteren Artgenossen erfolgreich gegen freie Radikale kämpft. Reife Guaven geben auf Druck leicht nach. Eine schöne Frucht hat eine glatte Schale ohne welke Stellen.

Ingwer: Die Ingwerwurzel enthält wie Grünkohl das Antioxidans Glutathion. Das Gingerol schmeckt scharf und kann im Körper sehr rasch Wärme entwickeln. Das regt die Durchblutung an, was Krankheitserregern das Eindringen in die Schleimhäute erschwert. Außerdem weist Ingwer eine antibakterielle und entzündungshemmende Wirkung auf. Übrigens: Die Ingwerknolle muss nicht geschält werden! Selbst in seiner dünnen Haut steckt Glutathion. Für eine Kanne Ingwertee brauchen Sie 4–5 Teelöffel gewürfelten, frischen Ingwer.

Flu Killer

Fever Buster

>> Aktivierung körpereigener Cortisone und der Abwehrkräfte der weißen Blutkörperchen

2 Kiwis • 3–4 Weißkohlblätter, ca. 150 g • ca. 1 cm Ingwer • 1–2 TL Hagebuttenmus • 1–2 TL Sonnenblumenöl • 200 ml Rote-Bete-Saft • 1 EL Cashewmus • Gemüsebrühe • ½–1 TL Honig oder Dicksaft • 1 Msp. Delikata Gewürzmischung • je 1 Msp. Salz, Muskatnuss- und Chilipulver • 1 TL Sesamsaat zum Bestreuen

● Kiwis schälen und in Stücke schneiden. Weißkohlblätter und Ingwer waschen. Die Kohlblätter grob zerkleinern. Ingwer waschen und würfeln.

● Alle Zutaten in den Mixer geben und fein pürieren. Gemüsebrühe bis zur gewünschten Konsistenz hinzufügen. Mit Honig und Gewürzen pikant abschmecken und mit Sesam bestreuen.

Variante mit anderen Vitamin-C-Veggies
Acerolakirschen, Guave, schwarze Johannisbeeren, Zitrusfrüchte.

>> Senkt mittelhohes Fieber. Zink, Bitterstoffe und Vitamin C

1 Petersilienwurzel • 1 Stück Sellerieknolle, ca. 80 g • 100 g reife Tomaten • 2 Stängel Petersilie • 4 unbehandelte Bitterorangen • 1 TL Acerolakirschsaft • 1–2 TL Sonnenblumenöl • 1 EL Mandelmus • Ingwertee oder stilles Mineralwasser • ½–1 TL Honig oder Dicksaft • 1 Msp. Delikata Gewürzmischung • je 1 Msp. Salz, Pfeffer- und Chilipulver

● Petersilienwurzel, Sellerie und Karotte unter fließendem Wasser abbürsten und in Stücke schneiden. Tomaten waschen, putzen und klein schneiden. Petersilie waschen und zerkleinern. Orangen waschen und auspressen.

● 1 Orangenschale zerkleinern und mit dem Saft und den anderen Zutaten in den Mixer geben und unter Zugabe von Ingwertee bis zur gewünschten Konsistenz pürieren. Mit Honig und den Gewürzen pikant abschmecken.

Kale Date

>> Mit Antioxidanzien, Glutathion, Glucosinulaten und Bitterstoffen

200 g Grünkohlblätter • 2 frische, große Datteln • 1–2 TL Senföl • 2 EL Kresse • 1 EL Mandelmus • 200 ml Tomatensaft • Gemüsebrühe • ½–1 TL Honig oder Dicksaft • 1 Msp. Delikata Gewürzmischung • je 1 Msp. Salz, Cumin- und Muskatnusspulver • 1 TL Mandelblättchen

● Grünkohl waschen, trocken schütteln und klein schneiden. Die Datteln entkernen. Alle Zutaten im Mixer mit dem Tomatensaft verquirlen.

● Die übrigen Zutaten hinzufügen und fein pürieren. Gemüsebrühe bis zur gewünschten Konsistenz zugeben, mit Honig und Gewürzen pikant abschmecken und mit den Mandelblättchen bestreuen.

Tipp Honig und süße Früchte mildern Bitterstoffe ab, ohne deren Wirkung zu verringern.

Guave Cleanser

>> Erste Hilfe bei Blasenentzündung: Anthozyane, Vitamine A, E, Saponine

150 g Pastinaken • 1 reife Guave (oder 2 Kiwis) • 1 Stängel Liebstöckel • 1–2 TL Weizenkeimöl • 1–2 TL Tomatenketchup • 100 ml Kirschsaft • 100 ml Karottensaft • 1 EL Tahin (Sesammus) • Ingwertee oder stilles Mineralwasser • ½–1 TL Honig oder Dicksaft • 1 Msp. Delikata Gewürzmischung • je 1 Msp. Salz, Pfeffer und Bockshornkleepulver

● Die Pastinaken und Guave waschen und in Stücke schneiden. Liebstöckel waschen, trocken schütteln, zupfen und einige Blättchen beiseitelegen.

● Alle Zutaten in den Mixer geben und pürieren. Ingwertee bis zur gewünschten Konsistenz hinzufügen. Mit Honig und Gewürzen abschmecken und mit Kräuterblättchen garnieren.

Tipp Anthozyane sowie die Schleimhautschutzvitamine A, C und E hemmen Entzündungen und Saponine umschließen schädliche Keime und befördern sie nach außen.

Kupfer Booster

Bittersweet

›› Schleimhautschutzvitamine A, C, E, B-Vitamine und Kupfer

100 g Sauerkraut • 100 g Grünkohl • 1 Guave (alternativ 2 Kiwis) • 2 Stängel Liebstöckel • 1 cm Ingwer • 1 rosa Grape-fruit • 100 ml naturtrüber Apfelsaft • 1–2 TL Hagebuttenmus • 1–2 TL Weizen-keimöl • 1 EL Tahin (Sesammus) • Ing-wertee oder stilles Mineralwasser • ½–1 TL Honig oder Dicksaft • je 1 Msp. Salz, Cumin- und Chilipulver

● Sauerkraut sehr klein schneiden. Grünkohl, Liebstöckel und Guave wa-schen und klein schneiden. Ingwer waschen und grob zerkleinern.

● Die Grapefruit auspressen und den Saft mit den übrigen Zutaten in den Mixer füllen. Unter Zugabe von Ing-wertee bis zur gewünschten Konsis-tenz pürieren. Mit Honig und den Ge-würzen abschmecken.

Tipp Die meisten Zellen unseres Im-munsystems enthalten Kupfer und da-her spielt dieses Spurenelement eine wichtige Rolle bei der Abwehrarbeit.

›› Für freie Nebenhöhlen: Saponine, Schleimhautschutzvitamine A,C und E, Vitamin B_5 und Allicin

100 g Grünkohl • 150 g unbehandelte Bitterorangen • 1 kleine Knoblauchzehe • 1–2 TL Walnussöl • 100 ml Holunder-saft • Gemüsebrühe • 1 EL Cashewmus • ½–1 TL Honig oder Dicksaft • je 1 Msp. Salz, Pfeffer und Chilipulver • 6 Cashew-kernhälften zum Garnieren

● Grünkohl waschen, trocken schüt-teln und klein schneiden. Orangen wa-schen, trocken tupfen und ungeschält in Stücke schneiden. Die Knoblauch-zehe abziehen und durch die Knob-lauchpresse drücken.

● Alle Zutaten zusammen in den Mi-xer geben und unter Zugabe von Ge-müsebrühe bis zur gewünschten Kon-sistenz pürieren. Mit Honig und den Gewürzen abschmecken und mit den Cashewkernen garnieren.

›› Bittersweet

Hot Buster

>> Mit Glucosinolaten, B-Vitaminen und Freie-Radikale-Fänger

70 g Sauerkraut • 1 Scheibe Ananas, ca. 70 g • 1 kleine Karotte, ca. 70 g • 2 Stängel Petersilie • 200 ml naturtrüber Apfelsaft • 1–2 TL Weizenkeimöl • 1 EL Haselnussmus • Ingwertee oder stilles Mineralwasser • ½–1 TL Honig oder Dicksaft • 1 Msp. Delifrut Gewürzmischung • je 1 Msp. Salz, Pfeffer- und Paprikapulver

● Sauerkraut sehr klein schneiden. Ananas schälen und klein schneiden. Die Karotte waschen und klein schneiden. Petersilie waschen und zupfen. Einige Blättchen beiseitelegen. Sauerkraut, Ananas und Apfelsaft im Mixer zerkleinern.

● Die übrigen Zutaten hinzufügen und fein pürieren. Ingwertee bis zur gewünschten Konsistenz hinzufügen. Mit Honig und Gewürzen pikant abschmecken und mit Petersilie garnieren.

◀ Hot Buster

Cough Relief

>> Lungen- und Bronchienschutz: Anthozyane, Kupfer, Vitamine A, C, E und Saponine

1 Mangoldblatt • 1 kleine Mango • 1 rote Paprika, ca. 150 g • 200 ml blauer Traubensaft • 1–2 TL Weizenkeimöl • 1 EL Tahin (Sesammus) • Ingwertee oder stilles Mineralwasser • ½–1 TL Honig oder Dicksaft • 1 Msp. Delifrut Gewürzmischung • je 1 Msp. Salz, Bourbon-Vanille- und Chilipulver

● Das Mangoldblatt waschen, die Mittelrippe entfernen und das Blatt grob zerkleinern. Die Mango waschen, entkernen und in Stücke schneiden.

● Die Paprika waschen, putzen und das Kerngehäuse entfernen. Alle Zutaten im Mixer pürieren. Ingwertee bis zur gewünschten Konsistenz hinzufügen. Mit Honig und Gewürzen abschmecken.

Variante mit anderen Anthozyan-Veggies Rote Bete, Rotkohl, Auberginenschale, Brombeeren, Erdbeeren, Hagebutten, Heidelbeeren, Himbeeren.

Anti-Aging

Diese Cup Soups enthalten reichlich Beta-Carotin, Lycopin, Vitamin E und Lignane – für einen rosigen Teint und eine kräftige Struktur von Haaren und Nägeln.

Wer träumt nicht von einer makellos reinen Haut, von kräftigem, glänzendem Haar? Es ist nicht möglich, dauerhaft gut auszusehen, ohne sich gleichzeitig um seine Innenwelt zu kümmern. Unser Körper kann gesundes Gewebe nur aufbauen und erhalten, wenn ihm die hierzu notwendigen Vitalstoffe und Phytochemikalien in ausreichender Menge zugeführt werden. Kollagen beispielsweise ist wichtig für eine straffe Haut – der hohe Vitamin-C-Gehalt der Cup Soups unterstützt die Kollagen-Produktion.

Unsere Haut steht als unser größtes Organ in enger Beziehung zum Gesamtstoffwechsel des Körpers. Zu viele Drinks sieht man der Haut meist an und auch, ob jemand raucht. Die Haut stellt gewissermaßen ein Abbild von Störungen im Organismus dar. Ein erfahrener Arzt kann anhand einer Hautanalyse sogar Leberstörungen oder Eisenmangel erkennen!

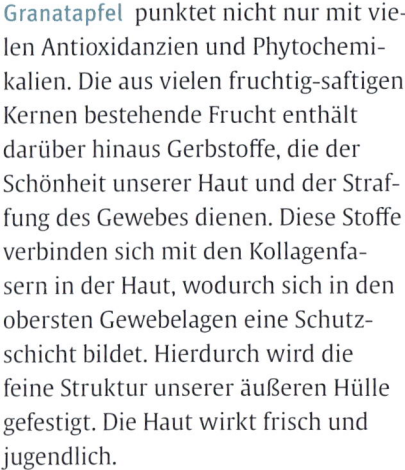

Granatapfel punktet nicht nur mit vielen Antioxidanzien und Phytochemikalien. Die aus vielen fruchtig-saftigen Kernen bestehende Frucht enthält darüber hinaus Gerbstoffe, die der Schönheit unserer Haut und der Straffung des Gewebes dienen. Diese Stoffe verbinden sich mit den Kollagenfasern in der Haut, wodurch sich in den obersten Gewebelagen eine Schutzschicht bildet. Hierdurch wird die feine Struktur unserer äußeren Hülle gefestigt. Die Haut wirkt frisch und jugendlich.

Rote Beeren, Kirschen: Rote Früchte wie Erdbeeren, Himbeeren, Stachelbeeren, Preiselbeeren sowie rotes Gemüse wie Tomaten und rote Paprika sind die besten Faltenkiller überhaupt. Den glättenden Effekt verursacht nach Meinung der Wissenschaftler die antioxidative Wirkung von Beta-Carotin und Lycopin. Da diese Phytochemikalien freie Radikale abfangen können, schützen sie die DNA vor Schäden und beugen so der Hautalterung vor. Darüber hinaus fördert die rote Stachelbeere den Haarwuchs und kräftigt die Fingernägel.

Linsen, Erdnüsse: Rote und grüne Linsen sowie Erdnüsse gehören zu den Hülsenfrüchten, die reich an Biotin (Vitamin B$_7$) sind. Volles, glänzendes Haar hängt von ausreichender Biotinaufnahme ab. Biotinmangel macht sich nicht nur durch Haarausfall auf dem Kopf bemerkbar, sogar Wimpern und Augenbrauen können ausfallen. Regelmäßig Hülsenfrüchte und Nüsse zu essen lohnt sich – es regt das Wachstum der Haare an und wirkt sich aufgrund deren hohen Lezithin-Gehalts außerdem positiv auf jenes Organ aus, das wir unter unserer Haarpracht tragen, nämlich das Gehirn.

Karotten, Tomaten, Schwarzwurzeln, Zwiebeln: Auf diese Gemüsesorten dürfen Sie nicht verzichten! Das Anti-oxidanzien-Quartett kann dazu beitragen, die »schönsten Jahre« zu verlängern. Es enthält Vitamin A, C, E, Fänger freier Radikale, sowie Lycopin, Selen und Quercetin. Vitamin A gewinnt der Körper aus dem Beta-Carotin der Karotte, Vitamin C steckt in allen vier Sorten, Vitamin E trägt die Schwarzwurzel bei, den Zell- und Herzschutzstoff Lycopin liefert die Tomate und die Zwiebel enthält sowohl Selen, das die Elastizität des Gewebes erhält, als auch Quercetin, das das Blut gesund hält.

Coco Kick

Best for Teeth

>> Extra Schwung durch Proteine, Cholin, Pektine und Zink

>> Für gesunde, kräftige Zähne: Kalzium, Fluorid, Molybdän, Beta-Carotin

100 g Stangensellerie • 1 Apfel • 60 g gegarte Sojabohnen (Seite 20) • 1–2 TL Sonnenblumenöl • 200 ml Kokosmilch • 1 EL Mandelmus • Ingwertee oder stilles Mineralwasser • ½–1 TL Honig oder Dicksaft • 1 Msp. Delifrut Gewürzmischung • je 1 Msp. Salz und Zimtpulver • Minzeblättchen zum Garnieren

1 Scheibe Ananas, ca. 100 g • 150 g Kirschen • 1 cm Ingwer • 1–2 TL Hagebuttenmus • 200 ml roter Johannisbeersaft • 1–2 TL Weizenkeimöl • 1 EL Tahin (Sesammus) • Ingwertee oder stilles Mineralwasser • ½–1 TL Honig oder Dicksaft • 1 Msp. Delifrut Gewürzmischung • 1 Msp. Bourbon-Vanillepulver • 1 Stängel Minze zum Garnieren

● Stangensellerie und Apfel waschen. Vom Apfel 2 dünne Spalten abschneiden, beiseitelegen und vom restlichen Apfel das Kerngehäuse entfernen. Apfel und Sellerie in grobe Stücke schneiden.

● Ananas schälen und klein schneiden. Die Kirschen waschen und entsteinen. Ingwer waschen und würfeln.

● Alle Zutaten in den Mixer geben und eventuell Ingwertee hinzufügen, bis die gewünschte Konsistenz erreicht ist. Mit Honig und Gewürzen pikant abschmecken und mit Apfelspalten und Minze garnieren.

● Alle Zutaten in den Mixer geben und unter Zugabe von Ingwertee bis zur gewünschten Konsistenz pürieren. Mit Honig und Gewürzen pikant abschmecken. Mit Minzeblättchen garnieren.

Skin Fluid

>> Mit Silizium, Gerbstoffen, Selen und B-Vitaminen

50 g geschälte Mandeln • 1 kleiner Kolben Zuckermais • 200 ml roter Stachelbeersaft • 1–2 TL Weizenkeimöl • 1–2 TL Hagebuttenmus • ½–1 TL Honig oder Dicksaft • Ingwertee oder stilles Mineralwasser • 1 Msp. Delifrut Gewürzmischung • je 1 Msp. Salz, Zimt und Chilipulver • 1 TL Mandelstifte um Garnieren

● Die Mandeln im Mixer pulverisieren. Die Körner vom Maiskolben mit einem scharfen Messer herunterschneiden.

● Alle Zutaten in den Mixer geben und unter Zugabe von Ingwertee bis zur gewünschten Konsistenz pürieren. Mit Honig und Gewürzen pikant abschmecken und mit Mandelstiften garnieren.

Variante mit anderen Gerbstoff-Veggies
Granatapfel, Rhabarber, Schwarzwurzeln, Spargel, Brombeeren, Heidelbeeren, Holunderbeeren, Melone, Orangen, Preiselbeeren.

Healthy Hair

>> Festigt auch die Nägel: Biotin (Vitamin B_7), Silizium und Zink

300 g gegarte rote Linsen (Seite 20) • 100 ml Karottensaft • 1–2 TL Sesamöl • 1 EL Erdnussmus • Ingwertee oder stilles Mineralwasser • 1 TL Honig oder Dicksaft • je ¼ TL gemahlener Ingwer, Kreuzkümmel, Koriander, Piment, Paprika edelsüß, Salz • 1 TL Sesam zum Bestreuen

● Alle Zutaten in den Mixer geben und pürieren. So viel Ingwertee hinzufügen, bis die gewünschte Konsistenz erreicht ist. Mit Honig und den Gewürzen abschmecken und mit Sesam bestreuen.

Tipp Carotinoide wie das Beta-Carotin in Karotten, das Lycopin in Tomaten und das Lutein in Grünkohl steht dem Körper nur durch Aufschließen der Zellstruktur zur Verfügung. Erst durch feines Pürieren, Entsaften oder Kochen kann er es verwerten.

Wrinkle Solver

Knucklebone

>> Für schöne Pfirsichhaut: Silizium, Vitamine E, C, B und Gerbstoffe

1 Granatapfel • 150 g gemischte rote Beeren • 1–2 TL Weizenkeimöl • 100 ml Karottensaft • 100 ml roter Johannis-beersaft • 1 EL weißes Mandelmus • Ing-wertee oder stilles Mineralwasser • 1–2 TL Honig oder Dicksaft • ¼ TL Deli-frut Gewürzmischung • 3 TL Beeren zum Garnieren

● Den Granatapfel öffnen und die Kerne herauslösen. Beeren waschen und verlesen.

● Alle Zutaten in den Mixer geben und unter laufender Zugabe von Ingwertee bis zur gewünschten Konsistenz der Cup Soup pürieren. Mit Honig und Ge-würzen pikant abschmecken und mit Beeren garnieren.

>> Für Knochen- und Knorpelaufbau: Vita-min C, B_2, Kalzium und Schwefel

100 g Blumenkohl • 80 g gegarte Soja-bohnen (Seite 20) • 1 kleine Knob-lauchzehe • 1–2 TL Weizenkeimöl • 200 ml Topinambursaft • 1 EL Tahin (Se-sammus) • Gemüsebrühe • ½–1 TL Ho-nig oder Dicksaft • je ½ TL Knoblauch-pulver, Salz und Pfeffer • Sojasauce nach Geschmack • 1 Stängel Dill zum Garnieren

● Blumenkohl waschen und klein schneiden. Knoblauch enthäuten und durch die Presse drücken. Alle Zutaten in den Mixer geben und, wenn nötig, unter Zugabe von Gemüsebrühe bis zur gewünschten Konsistenz pürieren.

● Mit Honig und Gewürzen pikant abschmecken. Dill waschen, trocken schleudern und kleine Zweige zum Garnieren verwenden.

Variante mit anderen Schwefel-Veggies
Nüsse, Samen, alle Kohlsorten, Peter-silie, Zwiebeln.

◄ Wrinkle Solver

Super Anti-Ager

》 Mit dem Antioxidanzien-Sextett: Vitamine A, C, E, Lycopin, Selen und Quercetin

1 junge Karotte • 100 g tiefgekühlte Schwarzwurzeln • ½–1 kleine Schalotte • 1 cm Ingwer • 80 g gegarte Sojabohnen (Seite 20) • 1–2 TL Weizenkeimöl • 200 ml Selleriesaft • 1 EL weißes Mandelmus • ½–1 TL Honig oder Dicksaft • 1 Msp. Delikata Gewürzmischung • ½ TL Kurkuma • Gemüsebrühe • je 1 Msp. Salz, Pfeffer, Zwiebelpulver • 1 TL rote Pfefferkörner zum Garnieren

● Die Karotte unter fließendem Wasser abbürsten. Karotte und Schwarzwurzeln in Stücke schneiden. Die Schalotte abziehen und einmal durchschneiden. Den Ingwer waschen und würfeln.

● Alle Zutaten in den Mixer geben und unter Zugabe von Gemüsebrühe bis zur gewünschten Konsistenz pürieren. Mit Honig und Gewürzen pikant abschmecken und mit roten Pfefferkörnern garnieren.

Shining Eyes

》 Für gesunde, strahlende Augen: Vitamin C, Beta-Carotin und Lutein

1 Mango • 1 rote Paprika • 1 cm Ingwer • 100 ml Grünkohlsaft • 100 ml Rote-Bete-Saft • 1–2 TL Weizenkeimöl • 1 EL Haselnussmus • Ingwertee oder stilles Mineralwasser • ½–1 TL Honig oder Dicksaft • je 1 Msp. Salz, Cumin- und Chilipulver • Sojasauce nach Geschmack • 1 Stängel Kerbel

● Mango und Paprika waschen. Die Mango entsteinen und klein schneiden. Die Paprika putzen und klein schneiden. Ingwer waschen und würfeln. Den Kerbel waschen und zupfen. Einige Blättchen zum Garnieren beiseitelegen.

● Alle Zutaten in den Mixer geben und unter laufender Zugabe von Ingwertee bis zur gewünschten Konsistenz pürieren. Mit Honig und Gewürzen pikant abschmecken und mit Kerbelblättchen garnieren.

●》 Super Anti-Ager

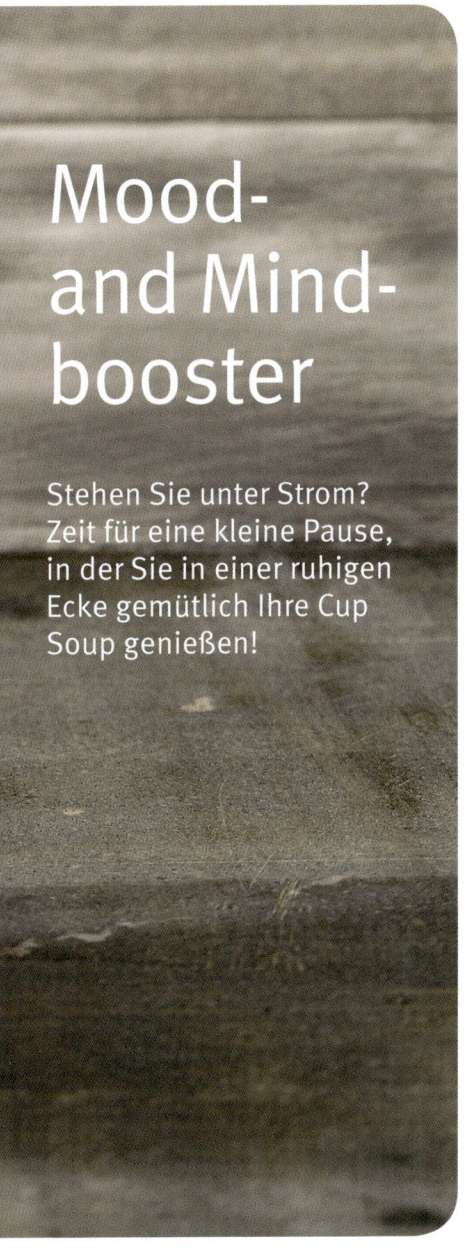

Mood- and Mind- booster

Stehen Sie unter Strom? Zeit für eine kleine Pause, in der Sie in einer ruhigen Ecke gemütlich Ihre Cup Soup genießen!

Kennen Sie das Gefühl, aus der Haut fahren zu müssen oder zu wollen, weil Sie sich genervt fühlen und die Arbeit Ihnen nicht schnell genug von der Hand geht? Wird manchmal alles zu viel, sodass Sie sogar wichtige Termine verschwitzen? Keine Sorge, die Mood-boosting Cup Soups können dabei helfen, die Ordnung wiederherzustellen. Die Vitamine B_1 und B_6 beruhigen die Nerven und helfen dem Gedächtnis auf die Sprünge. Vitamin C baut das Stressempfinden ab und das Hormon Serotonin bringt Sonnenschein ins Gemüt. B_1 ist in Pistazien, Hasel- und Walnüssen, B_6 in der Avocado und Vitamin C in Hagebuttenmus besonders reichlich enthalten.

Durch eine kohlenhydratreiche Cup Soup wird die Bauchspeicheldrüse über ein komplexes Signalsystem zur Insulinproduktion stimuliert. Dieses Hormon sorgt dafür, dass dem Gehirn ausgiebig Tryptophan zur Verfügung steht. Tryptophan veranlasst den Hypothalamus, die Kommandozentrale unseres Gehirns, das Signal zur Herstellung von Serotonin zu geben. Die Stimmung steigt wieder!

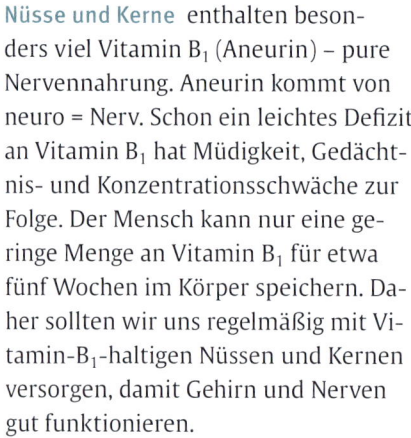

Nüsse und Kerne enthalten besonders viel Vitamin B_1 (Aneurin) – pure Nervennahrung. Aneurin kommt von neuro = Nerv. Schon ein leichtes Defizit an Vitamin B_1 hat Müdigkeit, Gedächtnis- und Konzentrationsschwäche zur Folge. Der Mensch kann nur eine geringe Menge an Vitamin B_1 für etwa fünf Wochen im Körper speichern. Daher sollten wir uns regelmäßig mit Vitamin-B_1-haltigen Nüssen und Kernen versorgen, damit Gehirn und Nerven gut funktionieren.

Avocado enthält so viel Vitamin B_6, dass mit einer einzigen Frucht annähernd der gesamte Tagesbedarf gedeckt werden kann. Das Vitamin spielt bei der Bereitstellung von Energie eine wichtige Rolle und wird für die Produktion von Botenstoffen benötigt. Unter Mitwirkung von Vitamin B_6 werden beim Eiweißstoffwechsel Eiweißbausteine umgewandelt. Dazu gehören unter anderem die Botenstoffe Serotonin und Dopamin. Serotonin und Dopamin sind für das Empfinden von Glücksgefühlen von Bedeutung.

Hagebutte: Durch ihren hohen Gehalt an Vitamin C sind Hagebutten *das* Antistress-Food überhaupt. Menschen, die ständig unter Stress stehen, haben per se einen erhöhten Vitamin-C-Bedarf, da die Nebennierenrinde in Belastungssituationen laufend Corticosteroide ausschüttet. Diese Hormone werden in Abhängigkeit von Vitamin C gebildet. Wenn kein Nachschub erfolgt, kommt es zu einer raschen Entleerung des Vitamin-C-Speichers der Nebennierenrinde und der Hirnanhangdrüse.

Zuckermaiskolben: Mais ist der Riese unter den Getreidearten, sowohl im Hinblick auf die Größe seiner Kolben als auch auf das Format seiner Körner und seinen Gehalt an B-Vitaminen. Die Kohlenhydrate der gesunden Zuckermaiskolben setzen sich aus Fruktose und Saccharose zusammen, die wir zur Serotonin-Produktion benötigen. Gleich nach der Ernte ist der Zuckergehalt am größten und die Kolben sind einfach zum Reinbeißen gut. Mais ist das einzige Getreide, das man vom Acker weg roh genießen kann. Tiefkühl-Mais ist eine gute Alternative.

Stress Killer

>> Mit Nervenvitamin B_1, Aneurin, Anti-stress-Vitamin C, Beta-Carotin

100 g Fenchel • 150 g Brokkoli • 1 cm Ingwer • 200 ml Karottensaft • 1–2 TL Sonnenblumenöl • 1 EL Sonnenblumenkernmus • Gemüsebrühe • ½–1 TL Honig oder Dicksaft • je 1 Msp. Salz und Paprikapulver, edelsüß • geröstete Sonnenblumenkerne zum Garnieren

● Das Gemüse waschen, putzen und in Stücke schneiden. Ingwer waschen und würfeln. Alle Zutaten in den Mixer geben und unter laufender Zugabe von Gemüsebrühe bis zur gewünschten Konsistenz pürieren.

● Mit Honig und Gewürzen pikant abschmecken und mit gerösteten Sonnenblumenkernen bestreuen.

Bye-bye Depression

>> Pflanzliches Antidepressivum: Beruhigungs-Vitamine B_1 und B_2 und Anti-stress-Vitamin C

30 g Paranüsse • 1 kleine rote Paprika • 1 Banane • 1–2 TL Weizenkeimöl • 1–2 TL Hagebuttenmus • 200 ml blauer Traubensaft • Ingwertee oder stilles Mineralwasser • ½–1 TL Honig oder Dicksaft • 1 Msp. Delifrut Gewürzmischung • 1 Msp. Chilipulver • 1 Prise Salz • Minzeblättchen zum Garnieren

● Die Paranüsse im Mixer pulverisieren. Die Paprika waschen, putzen und das Kerngehäuse entfernen. Die Banane schälen. Banane und Paprika in Stücke schneiden und mit den übrigen Zutaten im Mixer pürieren.

● Mit Ingwertee bis zur gewünschten Konsistenz auffüllen. Mit Honig und Gewürzen pikant abschmecken und mit Minzeblättchen garnieren.

Because I'm Happy

》 Cholin, B-Vitamine, Vitamin C, Serotonin und Dopamin

½ kleine Avocado • 100 g gegarte Sojabohnen (Seite 20) • 1 Knoblauchzehe (nach Geschmack) • 1 cm Ingwer • 1 EL Kresse • 1–2 TL Paprikamark • 200 ml Topinambursaft • 1–2 TL Olivenöl • 1 EL Haselnussmus • Gemüsebrühe • ½–1 TL Honig oder Dicksaft • je1 Msp. Salz, Pfeffer, Paprikapulver (edelsüß) und Senfkornpulver

● Die Avocado halbieren und aus einer Hälfte das Fruchtfleisch herausschaben. Knoblauch abziehen und vierteln. Ingwer waschen und würfeln. Kresse waschen und 1 TL voll beiseitelegen.

● Alle Zutaten in den Mixer geben und unter Zugabe von Gemüsebrühe bis zur gewünschten Konsistenz pürieren. Mit Honig und Gewürzen pikant abschmecken und mit Kresse bestreut servieren.

Lucky Avocado

》 Hirn-Doping-Vitamin B_6, Cholin, Aneurin, und Vitamin C

½ kleine Avocado • 1 kleiner Kolben Zuckermais • 1 Stängel Kerbel • 20 ml Sanddornsaft • 200 ml Grapefruitsaft • 1 EL Haselnussmus • Ingwertee oder stilles Mineralwasser • ½–1 TL Honig oder Dicksaft • 1 Msp. Delifrut Gewürzmischung • 1 Prise Salz

● Die Avocado halbieren und aus einer Hälfte das Fruchtfleisch herausschaben. Den Maiskolben waschen und die Körner mit einem scharfen Messer vom Kolben schneiden. Kerbel waschen und trocken schütteln. Einige Blättchen zum Garnieren beiseitelegen.

● Alle Zutaten im Mixer unter Zugabe von Ingwertee bis zur gewünschten Konsistenz pürieren. Mit Honig und Gewürzen pikant abschmecken und mit Kerbelblättchen garnieren.

Variante mit anderen Vitamin-B_6-Veggies Walnüsse, Sonnenblumenkerne, Blumenkohl.

Keep Cool

Bright Brain

>> Hilft, auf dem Teppich zu bleiben: Cholin, Vitamine A, B_1, B_6 und C

>> Gehirnwäsche mit Anthocyanen, Cholin, Vitaminen B, C und E

1 Kolben Zuckermais • 3 Stängel Liebstöckel • 80 g gegarte Sojabohnen (Seite 20) • 20 ml Sanddornsaft • 150 ml naturtrüber Apfelsaft • 1–2 TL Leinöl • 1 EL Mandelmus • Ingwertee oder stilles Mineralwasser • ½–1 TL Honig oder Dicksaft • 1 Msp. Delifrut Gewürzmischung • je 1 Msp. Salz, Chili- und Fenchelsamenpulver

30 g Kürbiskerne • 100 g Pastinake • 100 g Knollensellerie • 1–2 TL Hagebuttenmus • 1 TL Brennnesselsaft • 150 ml blauer Traubensaft • 1–2 TL Weizenkeimöl • Gemüsebrühe • ½–1 TL Honig oder Dicksaft • je 1 Msp. Salz, Pfeffer, Kurkuma und Koriander

● Den Mais waschen und die Körner mit einem scharfen Messer vom Kolben schneiden. Liebstöckel waschen, trocken schütteln und zupfen. Einige Blättchen zum Garnieren beiseitelegen.

● Die Kürbiskerne in einer Pfanne trocken rösten, bis sie duften. 1 TL zum Bestreuen beiseitelegen. Das Gemüse unter fließendem Wasser abbürsten, putzen und in Stücke schneiden.

● Alle Zutaten in den Mixer geben und unter Zugabe von Ingwertee bis zur gewünschten Konsistenz pürieren. Mit Honig und Gewürzen pikant abschmecken und mit Liebstöckel garnieren.

● Alle Zutaten in den Mixer geben und unter Zugabe von Gemüsebrühe bis zur gewünschten Konsistenz pürieren. Mit Honig und Gewürzen pikant abschmecken und mit gerösteten Kürbiskernen bestreuen.

Variante mit anderen Cholin-Veggies
Sojabohnen, Mandeln, Holunder, Knoblauch, Löwenzahn, milchsaures Gemüse, Rote Bete, Schwarzwurzeln.

◄ Keep Cool

Brain Food

Mind Power

›› Phosphor und Aneurin fürs Hirn, Vitamine C, E und Anthozyane

50 g Nussmischung (z. B. Hasel-, Pekan-, Para-, Walnüsse und Cashewkerne) • 120 g tiefgekühlte Schwarzwurzeln • 200 ml Rote-Bete-Saft • 1–2 TL Paprikamark • 1–2 TL Leinöl • Gemüsebrühe • ½–1 TL Honig oder Dicksaft • 1 Msp. Delikata Gewürzmischung • je 1 Msp. Salz, Pfeffer und Chilipulver • 1 Zweig Thymian zum Garnieren

● Die Nüsse im Mixer pulverisieren. Schwarzwurzeln in Stücke schneiden. Alle Zutaten in den Mixer geben und pürieren. Eventuell etwas Gemüsebrühe zugeben.

● Die Cup Soup mit Honig und Gewürzen pikant abschmecken. Thymian waschen, zupfen und zum Garnieren verwenden.

Variante mit anderen Vitamin-B$_1$-Veggies Sonnenblumenkerne, Pinienkerne, Erdnüsse, Sesam, Fenchel, Spargel, Zuckermais, Zucchini.

›› Geballte Ladung Phosphor, B-Vitamine, Eisen, Magnesium und Anthozyane

30 g Pekannüsse • 1 Banane • 1 cm Ingwer • 100 g tiefgekühlte Blaubeeren • 100 ml Holundersaft • 1–2 TL Weizenkeimöl • 1–2 TL Hagebuttenmus • ½–1 TL Honig oder Dicksaft • 1 EL Mandelmus • 1 Msp. Delifrut Gewürzmischung • je 1 Msp. Salz und Anispulver • Ingwertee oder stilles Mineralwasser • 1 TL Sesamsaat zum Bestreuen

● Die Nüsse hacken und in einer Pfanne trocken anrösten, bis sie duften. 2 TL davon beiseitestellen. Die Nüsse anschließend im Mixer pulverisieren. Die Banane schälen und in Stücke schneiden. Ingwer waschen und würfeln.

● Alle Zutaten in den Mixer geben und unter laufender Zugabe von Ingwertee bis zur gewünschten Konsistenz pürieren. Mit Honig und Gewürzen pikant abschmecken und mit Sesam und den Pekannüssen bestreuen.

•› Brain Food

Gesund werden, gesund bleiben

Die Cup Soups in diesem Kapitel wirken nicht nur präventiv, sondern auch heilungsfördernd bei allerhand Zipperlein. Und sie schmecken 1000-mal besser als jedes Medikament.

In vielen Familien gibt es eine Neigung zu bestimmten Erkrankungen, und je früher man mit der Prävention beginnt, desto besser. Sie fühlen sich aber pudelwohl in Ihrer Haut? Prima, nun gilt es, sich diesen Zustand zu bewahren und Abbauvorgänge und chronische Krankheiten fernzuhalten.

Das ist leichter, als Sie denken: Kaufen Sie keine stark verarbeiteten Lebensmittel! Diese enthalten beispielsweise zu viel Zucker, zu viel tierisches Protein, ungesunde Fette, abträgliche Zusatzstoffe und vieles, wofür unser Körper von der Natur nicht vorgesehen ist. Besser ist es, sich so natürlich wie möglich zu ernähren von dem, was die Natur, in die wir eingebunden sind, bereithält. Naturvölker müssen sich nicht darum kümmern, ob sie ausreichend mit Vitalstoffen versorgt sind, denn sie nehmen ihre Nahrung völlig naturbelassen auf. Deshalb drohen ihnen auch keine ernährungsbedingten Zivilisationskrankheiten. Diabetes oder Bluthochdruck, erhöhter Cholesterinspiegel sind ihnen fremd.

Brokkoli, Romanesco, Blumenkohl, Rosenkohl: Diese bunten Kohlröschen stecken nicht nur voller Vitalstoffe, sie sind auch eine wahre Fundgrube an Phytochemikalien. Besondere Bedeutung kommt den Glucosinulaten zu. Einerseits bekämpfen sie Darmkrebs, zum anderen verbinden sie sich mit Enzymen, die durch das Pürieren der Cup Soups freigesetzt werden, und verwandeln sich in neue Stoffe wie Isothiozyane (Senföle) und Thiozyane, die beide die Bildung hormonabhängiger Tumoren, wie Brust- und Prostatakrebs, hemmen können.

Rote Bete, Süßkartoffel, Topinambur: Die verschiedenen Farben der Knollen signalisieren, dass sie unterschiedliche Wirkungen auf unseren Köper haben. Die Rote Bete verdankt ihre satte dunkelrote Farbe den Anthocyanen, die u. a. Herz- und Kreislauferkrankungen positiv beeinflussen. Die orangefarbige Tönung der Süßkartoffel verrät ihren hohen Gehalt an Beta-Carotin, das das Dickdarmkrebsrisiko senken kann, während der Wirkstoff Inulin der Topinambur den Blutzucker kaum ansteigen lässt. So sättigt Topinambur schnell und anhaltend, ohne dass Pfunde angesetzt werden.

Samen und Kerne bergen die gesamte Lebensenergie der Pflanze. Daher strotzen sie nur so vor Vitalstoffen und Phytochemikalien. Lignane können Brust- und Prostatakrebs vorbeugen und heilen. Phytosterine stoppen das Nahrungscholesterin und Pythoöstrogene wirken positiv bei Krebs-, Herz-Kreislauf-Krankheiten und auf die Knochendichte. Ihr Gehalt an B-Vitaminen und Omega-3-Fettsäuren ist rekordverdächtig. Daher kommt in jede Cup Soup eine kleine Menge kalt gepresstes Öl aus den kleinen Powersamen!

Datteln und Feigen sind wie Süßigkeiten, von denen wir ohne schlechtes Gewissen naschen dürfen. Der hohe Glukose-Fruktose-Gehalt der Datteln lässt den Blutzucker nur langsam ansteigen, was für eine lang anhaltende Energiezufuhr und Konzentrationsfähigkeit sorgt. Aus dem gewaltigen Mineralstoffgehalt ist vor allem das Kalium hervorzuheben, das den Blutdruck normalisiert. Feigen enthalten besonders viel Phosphor und Magnesium. Phosphor braucht das Hirn, um Grips zu entwickeln, und Magnesium dient dem Aufbau von Muckis.

Heart Protector

>> Schutz für Gefäße und Herz: Omega-3-Fettsäuren, Lycopin, Anthozyane und Vitamin E

2 TL Blaumohn • 1 Scheibe frische Ananas, ca. 100 g • 150 g frische Feigen (alternativ blaue Trauben) • 1–2 TL Hagebuttenmus • 20 g Blaumohnmehl • 200 ml Tomatensaft • 1–2 TL Leinöl • 1 EL Haselnussmus • Ingwertee oder stilles Mineralwasser • ½–1 TL Honig oder Dicksaft • 1 Msp. Delifrut Gewürzmischung • je 1 Msp. Salz, Anispulver und Zimt

● Mohn in der Pfanne trocken rösten, bis er duftet und beiseitestellen. Die Ananas schälen und die Scheibe in Stücke schneiden. Die Feigen waschen, trocken tupfen und vierteln.

● Alle Zutaten in den Mixer geben und eventuell Ingwertee hinzufügen, bis die gewünschte Konsistenz erreicht ist. Mit Honig und den Gewürzen pikant abschmecken und mit geröstetem Mohn bestreuen.

Soy Knockout

>> Hemmt Brust- und Prostatakrebs mit Lignanen und Genisteïn

2 TL Pinienkerne • 20 g gemahlene Leinsamen • 1 kleine Süßkartoffel • 1 cm Ingwer • 80 g gegarte Sojabohnen (Seite 20) • 200 ml Pfirsichsaft • 1–2 TL Rapsöl • Ingwertee oder stilles Mineralwasser • ½–1 TL Honig oder Dicksaft • 1 Msp. Delifrut Gewürzmischung • je 1 Msp. Salz, Fenchelsamen- und Chilipulver

● Die Pinienkerne in einer Pfanne trocken rösten, bis sie duften, dann beiseitestellen. Leinsamen im Mixer pulverisieren. Die Süßkartoffel unter fließendem Wasser abbürsten und in Stücke schneiden. Ingwer waschen und würfeln.

● Alle Zutaten in den Mixer geben und, wenn nötig, Ingwertee hinzufügen, bis die gewünschte Konsistenz erreicht ist. Mit Honig und Gewürzen pikant abschmecken und mit den gerösteten Pinienkernen bestreuen.

Free Radicals Fighter

>> Antioxidanzien Vitamin A, C, E, Selen, Allicin und Carotinoide

30 g Paranüsse • 1 Knoblauchzehe • 1 rote Paprika • 100 g Rosenkohl • 3 Datteln • 1–2 TL Rapsöl • 1–2 TL Tomatenketchup • 200 ml Karottensaft • Gemüsebrühe • ½–1 TL Honig oder Dicksaft • 1 Msp. Delikata Gewürzmischung • je 1 Msp. Kräutersalz, Kurkuma und Cumin

● 3 Paranüsse grob hacken, in der Pfanne trocken rösten, bis sie duften und beiseitestellen. Die restlichen Nüsse im Mixer pulverisieren. Knoblauch abziehen und vierteln. Paprika und Rosenkohl waschen, putzen und klein schneiden. Die Datteln entsteinen und zerkleinern.

● Alle Zutaten im Mixer fein pürieren. Eventuell Gemüsebrühe hinzufügen, bis die gewünschte Konsistenz erreicht ist. Mit Honig und Gewürzen pikant abschmecken und mit gerösteten Nüssen bestreuen.

Mega Memory

>> Mit Phosphor, Vitamin B_1, B_6 und C, Selen und Carotinoiden

30 g Walnüsse • 150 g frische Feigen oder eingeweichte oder 80 g Trockenfeigen (am Vorabend in Wasser eingeweicht) • 1 kleine Petersilienwurzel • 200 ml Selleriesaft • 1–2 TL Leinöl • Gemüsebrühe • ½–1 TL Honig oder Dicksaft • 1 Msp. Delikata Gewürzmischung • je 1 Msp. Salz, Koriander und Chilipulver

● Die Nüsse grob hacken und in der Pfanne trocken rösten, bis sie duften. 2 TL Nüsse beiseitelegen. Die abgekühlten Nüsse im Mixer pulverisieren. Feigen und Petersilienwurzel waschen und klein schneiden.

● Alle Zutaten im Mixer unter Zugabe von Gemüsebrühe bis zur gewünschten Konsistenz pürieren. Mit Honig und den Gewürzen pikant abschmecken und mit Nüssen bestreuen.

Energy Explosion

Bone Power

》》 Mit Cholin und Vitamin B_1 und B_3, Pektinen und Zink

1 kleiner Zweig Minze • 3 frische Datteln oder 6 getrocknete • 1 Apfel, ca. 150 g • 200 ml Kokosmilch • 1 TL Sonnenblumenöl • 1 EL Mandelmus • Ingwertee oder stilles Mineralwasser • ½–1 TL Honig oder Dicksaft • 1 Msp. Delifrut Gewürzmischung • je 1 Msp. Anispulver und Chilipulver

● Minze waschen und zupfen. Einige Blättchen beiseitelegen. Datteln entkernen und zerkleinern. Apfel waschen, putzen und in Stücke schneiden.

● Alle Zutaten im Mixer fein pürieren. Ingwertee hinzufügen, bis die gewünschte Konsistenz erreicht ist. Mit Honig und den Gewürzen pikant abschmecken und mit Minze garnieren.

Variante mit anderen Zink-Veggies
Paranüsse, Sojabohnen, Brokkoli, Blumenkohl, Bohnen, Erbsen, Grünkohl, Pastinaken, Petersilienwurzeln, Rosenkohl, Kohlrabi.

》》 Vitamin K für starke Knochen: Kalzium, Silizium und Vitamin C

2 TL Sesamsaat • 20 g Petersilie • 1 Guave (alternativ 2 Limetten) • 100 g Grünkohl • 100 g Brokkoli • 200 ml Gurkensaft • 1 EL Tahin (Sesammus) • Gemüsebrühe • ½–1 TL Honig oder Dicksaft • 1 Msp. Delikata Gewürzmischung • je 1 Msp. Salz, Cumin und Chilipulver

● Sesam in einer Pfanne trocken anrösten, bis er duftet. Für die Garnitur beiseitestellen. Petersilie waschen und trocken schütteln. Guave, Grünkohl und Brokkoli waschen, putzen und in Stücke schneiden.

● Alle Zutaten unter laufender Zugabe von Gemüsebrühe bis zur gewünschten Konsistenz pürieren. Mit Honig und den Gewürzen pikant abschmecken und mit Sesam bestreuen.

Variante mit anderen Vitamin-K-Veggies
Feldsalat, Grünkohl, Rosenkohl, Spinat, Kresse, Portulak.

❯❯ Energy Explosion

Healthy Body

Healthy Heart

>> Mit krebshemmendem Indol-3-Carbinol, Anthozyanen und Vitamin A, C, E

je 100 g Blumenkohl und Brokkoli • 1–2 TL Hagebuttenmus • 200 ml Rote-Bete-Saft • 1–2 TL Olivenöl • 1 EL Sonnenblumenkernmus • Gemüsebrühe • ½–1 TL Honig oder Dicksaft • 1 Msp. Delikata Gewürzmischung • je 1 Msp. Salz, Kreuzkümmel und Chilipulver • Sonnenblumenkerne zum Bestreuen

● Das Gemüse waschen und in Stücke schneiden. Alle Zutaten in den Mixer geben und unter Zugabe von Gemüsebrühe bis zur gewünschten Konsistenz pürieren. Mit Honig und den Gewürzen pikant abschmecken und mit den Sonnenblumenkernen bestreuen.

Tipp Insbesondere das in Blumen- und Rosenkohl sowie in Brokkoli enthaltene Indol-3-Carbinol hemmt die Entwicklung hormonabhängiger Tumoren, wie etwa Brust- und Prostatakrebs.

>> Mit Blutdrucksenker Arginin, Vitaminen E, C, B_3 und Omega-6-Fettsäuren

1 kleiner Kohlrabi • 1 Kolben Zuckermais • 200 ml Karottensaft • 1–2 TL Distelöl • 1 EL Erdnussmus • Gemüsebrühe • ½–1 TL Honig oder Dicksaft • 1 Msp. Delikata Gewürzmischung • je 1 Msp. Salz, Muskatnuss- und Chilipulver • 1 TL Kresse

● Kohlrabi dünn schälen und klein schneiden. Maiskolben waschen und die Körner mit einem scharfen Messer abschneiden.

● Alle Zutaten in den Mixer geben und unter Zugabe von Gemüsebrühe bis zur gewünschten Konsistenz pürieren. Mit Honig und den Gewürzen pikant abschmecken und mit Kresse garnieren.

Variante mit anderen Vitamin-B_3-Veggies Mandeln, Pinienkerne, Sonnenblumenkerne, Grünkohl, Petersilienwurzeln.

◀ Healthy Body

Vitalstoff-Glossar

Vitamine, Mineralstoffe, Spurenelemente, sekundäre Pflanzenstoffe und alles Gute, was in den supergesunden Cup Soups steckt, hier auf einen Blick.

Vitamine

Wer sich regelmäßig mit Vitaminen bzw. den entsprechenden Provitaminen versorgt, ist auf der sicheren Seite, gesund zu bleiben. Vitamine wirken im Körper wie Katalysatoren und nur ganz geringe Mengen braucht er davon – Mikro- bis Milligramm-Mengen reichen aus.

Vitamin A (Retinol)

Beta-Carotin, die Vorstufe des Vitamin A, aktiviert die Hormonbildung und ist für eine sicher verlaufende Schwangerschaft wichtig. Als Hautvitamin sind die Schleimhäute von Mund, Rachen, Nase, Darm, Blase, Lunge und Augen gleichermaßen auf Vitamin A angewiesen wie unsere Haut. Darüber hinaus hält Vitamin A Nieren und Blase gesund und ist von großer Bedeutung für unsere Sehkraft.

Reich an Beta-Carotin: Melone, Aprikose, rosa Grapefruit, Kaki, Mango, Sauerkirsche, Mandarine, Papaya, Spinat, Grünkohl, Karotte, Brokkoli, Endivie, Portulak, Feldsalat, Fenchel, Kürbis, Mais, Mangold, Paprika, Rukola, Süßkartoffel, Tomate, Wirsing, Brunnenkresse, Brennnessel, Löwenzahn und Petersilie

Vitamin E (Tocopherol)

Vitamin E schützt uns vor Krebs, Arteriosklerose und Herzinfarkt. Das Vitamin ist ein wichtiger Radikalenfänger und verbessert die Fließeigenschaften des Blutes sowie dessen Sauerstoffversorgung. Auch Gewebe und Haut profitieren: Entzündungen und degenerative Prozesse kann Vitamin E eindämmen.

Vitamin E steckt in kalt gepresstem Weizenkeimöl (1 TL deckt den Tagesbedarf) sowie Rapsöl, Maisöl, Erdnussöl und Sonnenblumenöl, Haselnüssen, Mandeln, Sonnenblumenkernen, Schwarzwurzeln, Hagebutten, Heidelbeeren und Sanddorn.

Vitamin C (Ascorbinsäure)

Vitamin C ist ein Allroundtalent. Es gibt kaum einen Vorgang in unserem Stoffwechsel, an dem Vitamin C nicht teilnimmt. Vitamin C unterstützt unser Immunsystem, indem es die Abwehrkräfte der weißen Blutkörperchen aktiviert, die Produktion von Antikörpern steigert und durch Mithilfe bei der Produktion körpereigener Cortisone den Schutz vor Infektionen fördert. Eine der weiteren vielen Aufgaben, die Vitamin C zu erfüllen hat, ist seine Mitarbeit bei der Stressverarbeitung. Stressgeplagte haben meist immer einen erhöhten Vitamin-C-Bedarf: Die Nebennierenrinde schüttet in Belastungssituationen laufend Corticosteroide aus – Corticosteroide sind Hormone, die in Abhängigkeit von Vitamin C gebildet werden.

Die Vitamine A, E und C sowie das Spurenelement Selen bilden einen wichtigen Schutzschild bioaktiver Pflanzenstoffe im Kampf gegen freie Radikale und oxidativen Stress. Als sogenannte Antioxidanzien haben sie die Fähigkeit, Sauerstoff an sich zu binden.

Reich an Vitamin C: Acerolakirsche, Guave, Hagebutte, Ingwer, Schwarze Johannisbeere, Kiwi, Sanddorn, Zitrusfrüchte, Blumenkohl, Brokkoli, Grünkohl, Paprika, Petersilie, Rote Bete, Rosenkohl, Sauerkraut und Weißkohl

Vitamin K (Phyllochinon)

Vitamin K unterstützt die Gerinnungsfähigkeit des Blutes nach Verletzungen und bindet Kalzium im Knochen. Daher ist Vitamin K zum Knochenaufbau bei Arthrose und Osteoporose (Knochenschwund) von besonderer Bedeutung.

Vitamin K ist in allen grünen Blattgemüsen vorhanden: Brokkoli, Feldsalat, Grünkohl, Rosenkohl, Spinat, Kresse, Petersilie, Portulak und Schnittlauch.

Vitamin B_1 (Aneurin, Thiamin)

Aneurin kommt von neuro, Nerv. Das bedeutet, dass das Vitamin als Hirn- und Nervennahrung unentbehrlich ist. Schon ein leichtes Defizit an Vitamin B_1 führt zu Müdigkeit, Gedächtnis- und Konzentrationsschwäche. Weiterhin benötigt unser Körper Vitamin B_1 hauptsächlich für die Kohlenhydratverwertung. Mithilfe von Vitamin B_1 werden Kohlenhydrate zu Glukose (Traubenzucker) abgebaut. Zu viel speichert die Leber als Glykogen.

Reich an Vitamin B_1: Pekannuss, Sonnenblumenkern, Pinienkern, Erdnuss, Sesamsamen, Cashewkern; Fenchel, Spargel, Schwarzwurzel, Zuckermais und Zucchini

Vitamin B_2 (Riboflavin)

Vitamin B_2 wird auch als Wachstumsvitamin bezeichnet. Es ist am Aufbau der Zellstruktur beteiligt und wird beim Auf- und Abbau der roten Blutkörperchen benötigt. Es unterstützt die Entgiftungsprozesse der Leber und beteiligt sich an der Energiegewinnung sowie am Kohlenhydrat- und Eiweißstoffwechsel.

Reich an Vitamin B_2: Kokosnuss, Paranuss, Mandel, Blumenkohl, Endivie, Grünkohl, Mangold, Rosenkohl, Spinat, Zuckermais, Avocado, Banane, Dattel, Feige und Maracuja

Vitamin B_3 (Niacin)

Vitamin B_3 unterstützt die Nervenfunktionen und beteiligt sich als Coenzym an zahlreichen Stoffwechselprozessen. Ferner unterstützt Niacin seinen Kollegen Vitamin B_1 bei Prozessen, die für störungsfreies Funktionieren unseres Nervensystems sorgen. Vitamin B_3 hält wie Biotin und Pantothensäure Haut, Haare und Nägel gesund. Ein ausreichender Vitamin-B_3-Spiegel im Körper senkt den Blutdruck und beseitigt Kopfschmerzen und Migräne.

Vitamin B_3 steckt in Erdnüssen, Mandeln, Sonnenblumenkernen, Grünkohl, Kohlrabi, Mais und Petersilienwurzeln.

Vitamin B_5 (Pantothensäure)

Vitamin B_5 ist als Baustein des Coenzyms A wichtig für alle chemischen Vorgänge des Eiweiß-, Fett- und Kohlenhydratstoffwechsels. Das Vitamin unterstützt die Produktion von Fettsäuren und Gallensäuren und fördert die Verdauungsprozesse. Bei entzündlichen Haut- und Schleimhautveränderungen besteht oft ein Vitamin-B_5-Mangel.

Vitamin B_5 steckt in Cashewkernen, Erdnüssen, Haselnüssen, Walnüssen, Mandeln, in Hülsenfrüchten wie Limabohnen, Linsen, Sojabohnen und Erbsen und mit etwas geringerem Anteil in Blumenkohl, Brokkoli, Grünkohl, Mais, Oliven, Avocado, Aprikosen, Datteln, Himbeeren, Preiselbeeren und Wassermelone.

Vitamin B_6 (Pyridoxin)

Vitamin B_6 hilft beim Aufbau des körpereigenen Eiweißes. Bei einem Mangel leiden besonders unsere Gehirntätigkeit und das Nervensystem.

Reich an Vitamin B_6: Walnuss, Sonnenblumenkern, Erdnuss, Avocado, Blumenkohl, Brokkoli, Grünkohl, Sellerie, Karotte, Paprika, Petersilienwurzel, Rosenkohl und Apfel

Vitamin B_7 (Biotin)

Gesunde Haut und fülliges Haar hängen auch von einer ausreichenden Biotinaufnahme ab. Unreine Haut, stumpfes Haar und Haarausfall können auf einen Biotinmangel hindeuten.

Reich an Vitamin B_7: Haselnuss, Erdnuss, Walnuss, Avocado, Chicorée, Karotte, Spinat, Tomate, Apfel, Banane und Erdbeere

Vitamin B_9 (Folsäure)

Dieses Vitamin trägt wesentlich zur Bildung des Träges des Erbgutes, der DNS, sowie dessen Übertrager, der RNS, bei. Folsäure beteiligt sich unter Mitwirkung von Vitamin B_{12} (Cobalamin) an der Synthese dieser Nukleinsäuren, die für die Zellteilung unabdingbar sind, und hilft Cobalamin bei der Bildung und Vermehrung von roten Blutkörperchen. Veränderungen des Blutbilds sind oft die Folge eines Folsäuremangels.

Besonders viel Folsäure steckt in grünem Gemüse, insbesondere Blattgemüse wie Spinat und Salat. Außerdem in Tomaten, Hülsenfrüchten, Nüssen, Orangen und Sprossen.

Vitamin B$_{12}$ (Cobalamin)

Vitamin B$_{12}$ wirkt als Co-Enzym zahlreicher Enzyme, die für den Stoffwechsel von Kohlenhydraten, Fetten und Proteinen benötigt werden. Es unterstützt im Knochenmark die Produktion roter Blutkörperchen und sorgt für fortwährende Zellerneuerung sowie für die Bildung von Nervengewebe – ein echtes Allround-Talent also. Vitamin B$_{12}$ kommt nur in tierischen Produkten vor (Fleisch, Fisch, Milch, Käse etc.). Wer sich vegan ernährt, muss vorerst keine Sorge vor einem Vitamin-B$_{12}$-Mangel haben, denn die Leber hat die Fähigkeit, große Mengen zu speichern, die die Versorgung über einen Zeitraum von etwa 4 Jahren gewährleisten.

Cholin

Cholin ist ein Vitamin-B-ähnlicher Wirkstoff. Wer ein schlechtes Gedächtnis und auch einen zu hohen Cholesterinspiegel hat, sollte sich für dieses B-Vitamin interessieren. Cholin hat eine Art Schutzwirkung für die Leber, die sonst mit Triglyzeriden überflutet würde.

Cholinreich sind Sojabohnen, Kürbiskerne, Mandeln, Holunder, Knoblauch, Löwenzahn, milchsaures Gemüse, Rote Bete, Schwarzwurzeln, Sellerie, Stangensellerie, Mistel, Brennnesseln und Brunnenkresse.

Mineralsalze und Spurenelemente

Mineralsalze und Spurenelemente sind unentbehrlich bei Entgiftungsprozessen, Enzymaktivitäten sowie beim Abbau abgestorbener und Aufbau neuer Zellen. Bei einigen Mineralien und Spurenelementen ist Teamwork mit den Vitaminen angesagt: Sie benötigen kooperierende Vitamine zur Unterstützung und in umgekehrter Weise können Vitamine ihre volle Wirksamkeit nicht entfalten, wenn es an unterstützenden Mineralsalzen mangelt.

Kalzium

Kalzium ist ein unentbehrliches Baumaterial für Knochen und Zähne und bildet zusammen mit Phosphor und Vitamin D ein Team, das für Aufbau und Erhalt des Stützgewebes sorgt. Gut zu wissen: Osteoporose entsteht übrigens infolge einer Störung der Kalziumverwertung durch Mangel an Vitaminen und Enzymen und nicht durch einen primären Kalziummangel.

Reich an Kalzium: Sesamsamen, Leinsamen, Paranuss, Haselnuss, Mandeln, Linsen, Sojabohnen, Grünkohl, Brokkoli, Kohlrabi, Mangold, Sellerie, Fenchel, Petersilienwurzel, Pastinake, Schwarzwurzel und Löwenzahn

Kalium

Kalium ist ein wichtiger Faktor im Säure-Basen-Haushalt. Ist das Kalium-Natrium-Verhältnis aus der Balance, kann auch der Säure-Basen-Haushalt aus dem Gleichgewicht geraten, was sich z. B. durch Sodbrennen, Müdigkeit oder Kopfschmerzen äußert. Kalium und Natrium sorgen als Gegenspieler für die neuromuskuläre Reizbarkeit und die Kontraktion unserer Muskeln – vor allem für den harmonischen Rhythmus unseres Herzens.

Reich an Kalium: Pistazie, Sonnenblumenkern, Erdnuss, Artischocke, Batate, Bohnen, Brokkoli, Fenchel, alle Kohlarten, Kohlrübe, Kohlrabi, Kürbis, Mangold, Meerrettich, Pastinake, Petersilienwurzel, Portulak, Sellerie, Topinambur, Ananas, Avocado, Birne, Banane, Feige, Holunderbeere, Ingwer, Kiwi, Maulbeere, Pflaume und Pfirsich

Phosphor

Nach Kalzium ist Phosphor das zweithäufigste Mineralsalzelement in unserem Körper. Zusammen mit Kalzium sorgt Phosphor für den Aufbau und Erhalt unseres Stützgewebes und unserer Zähne – wichtig zur Arthrose- und Osteoporose-Therapie. Und: Ohne Phosphor wären unser Gehirn und Nervensystem in ihren Funktionen erheblich eingeschränkt.

Reich an Phosphor: Paranuss, Pekannuss, Walnuss, Pinienkerne, Mandeln, Sonnenblumenkerne, Sesamsamen, Kürbiskerne, Sojabohne, rote und grüne Linsen, Artischocke, Spinat, Mangold, Knoblauch, Bleichsellerie, Ingwer, Grünkohl, Brokkoli, Blumenkohl, Rosenkohl, Kohlrabi, Fenchel, Petersilienwurzel, Knollensellerie und Rote Bete.

Magnesium

Magnesium unterstützt das vegetative Nervensystem und bei einer guten Versorgung mit dem Mineral befindet sich unser Körper in einem Zustand innerer Ruhe und Harmonie. Außerdem wirkt das Mineral am Einbau von Kalzium in das Knochengewebe mit und reguliert den Elektrolytehaushalt.

Reich an Magnesium: Sesamsamen, Sonnenblumenkerne, Kürbiskerne, Nüsse, Mandeln, Sojabohnen, Linsen, Avocado, Feldsalat, Ingwer, Portulak, Spinat, Blumenkohl, Brokkoli, Borretsch, Banane, Brombeere, Dattel, Fenchel, Feige, Hagebutte, Himbeere, Kiwi, Schwarze Johannisbeere, Mango, Melone, Papaya, Maracuja und Reineclaude

Eisen

Als eisenhaltiges Hämoglobin, der Farbstoff der roten Blutkörperchen, erfüllt das Spurenelement im menschlichen Körper zwei Aufgaben: Sauerstofftransport und Synthese von roten Blutkörperchen. Eisen aus pflanzlichen Quellen wird besonders gut verwertet, wenn man es gleichzeitig mit Vitamin-C-haltigen Früchten zu sich nimmt.

Reich an Eisen: Sesam, Sonnenblumenkerne, Pistazie, Haselnuss, Ingwer, Artischocke, Batate, Feldsalat, Fenchel, Grünkohl, Löwenzahnblätter, Mangold, Petersilie, Portulak, Spinat, Schwarzwurzel, Topinambur, Feige, Dattel, Erdbeere und Heidelbeere

Kupfer

Die meisten Zellen unseres Immunsystems enthalten Kupfer und daher spielt dieses Spurenelement eine wichtige Rolle in der Abwehrarbeit. Darüber hinaus wirkt Kupfer beim Bindegewebsstoffwechsel mit und unterstützt die Aufnahme von Eisen.

Reich an Kupfer: Kokosnuss, Haselnuss, Mandel, Paranuss, Sojabohne, Artischocke, Batate, Erbse, Petersilienwurzel, Rote Bete, Schwarzwurzel, Spargel, Avocado, Dattel und Hagebutte

Zink

Zink stärkt unsere Immunabwehr. Es hilft dabei, Giftstoffe unschädlich zu machen, und unterstützt die Produktion von Abwehrstoffen und Abwehrzellen. Zink ist darüber hinaus eine wichtige Komponente des Bauchspei-

chelhormons Insulin. Außerdem beein-
flusst das Spurenelement das Wachstum und greift regulierend in den
Säure-Basen- und Enzymhaushalt ein.

Reich an Zink: Mandel, Paranuss, Kokosnuss, Sojabohne, Brokkoli, Blumenkohl, Bohnen, Erbsen, Grünkohl, Pastinake, Petersilienwurzel, Rosenkohl,
Kohlrübe, Kohlrabi, Mangold, Meerrettich, Sellerie, Avocado, Banane, Feige,
Hagebutte, Holunderbeere, Pfirsich und
Pflaume

Mangan

Mangan unterstützt Leber- und Bauch-
speicheldrüsen-Stoffwechselprozesse,
intensiviert die Wirkung des Insulins
und spielt als Bestandteil unzähliger
Enzyme beim Fett- und Kohlenhydratstoffwechsel eine bedeutende Rolle.

Manganreich sind Haselnuss, Mandeln,
Walnuss, Sojabohne, Batate, Pastinake,
Grünkohl, Brokkoli, Feldsalat, Borretsch,
Rosenkohl, Weißkohl, Brombeere, Hei-
delbeere, Hagebutte, Küchenkräuter
wie Sauerampfer, Löwenzahn, Peter-
silie, Majoran, Liebstöckel, Thymian,
Kresse, Kerbel, Oregano, Estragon,
Knoblauchrauke, Bohnenkraut, Salbei

Fluor

Das Spurenelement trägt zur Stabilität
unseres Knochenbaus bei und erhöht
die Festigkeit unserer Zähne.

Reich an Fluor: Walnuss, Mandel,
Cashewkern, Erdnuss, Grüngemüse
und Hagebutte

Molybdän

Das Spurenelement hilft unserem Organismus bei der Verwertung von Fluor
und sorgt für die Fluoreinlagerung
in den Zahnschmelz. Außerdem fördert Molybdän eine ganze Reihe von
Enzymaktivitäten und steuert den Kup-
ferhaushalt.

Reich an Molybdän: Walnuss, Cashewkern, Erdnuss, Mandel, Sojabohne,
Grüngemüse, Küchenkräuter; mit etwas geringerem Anteil Ananas, Banane,
Erdbeere, rote und schwarze Johannisbeere, Kirsche, Pfirsich und Weintraube

Selen

Selen wirkt in und an den Zellwänden
als hochaktives Antioxidans und
kann sogar die giftige Wirkung von
Blei, Quecksilber u. a. kompensieren.

Selen ist für das Einschleusen von Vitamin E in die Zellen verantwortlich, wo das Vitamin unser Erbgut vor dem Angriff freier Radikale schützt – Krebsprophylaxe. Achtung: Überdosierte Selenpräparate können Vergiftungen verursachen.

Reich an Selen: Sesamsamen, Kokosnuss, Paranuss, Pekannuss, Sojabohne, Blumenkohl, Weißkohl, Rosenkohl, Brokkoli, Grünkohl, Paprika, Spargel, Lauch, Knoblauch, Zwiebel

Sulfide

Sulfide kurbeln die Produktion entgiftender Enzyme an, die die Giftstoffe aus dem Körper eliminieren. Außerdem schützen sie vor Ablagerungen an den Gefäßwänden. Unter allen Liliengewächsen zeichnet sich Knoblauch durch einen außerordentlich hohen Gehalt an Sulfiden aus. Sein Hauptwirkstoff Allicin bewahrt die Fett-Protein-Partikel im Blut vor Oxidation und schützt vor Verklebungen der Blutplättchen und Ablagerungen an den Gefäßwänden. Für günstige Fließeigenschaften des Blutes sorgt Ajoen, das Arterienverkalkung und Bluthochdruck nicht nur wirksam vorbeugen, sondern auch verringern kann. Ajoen ist jedoch nur in frischem Knoblauch wirksam. Wie viele andere sekundäre Pflanzenstoffe haben auch Sulfide eine krebshemmende Wirkung, vor allem auf den Verdauungstrakt, denn die antimikrobielle Eigenschaft der Sulfide trägt im Magen zur Drosselung des Bakterienwachstums bei. Dies bewirkt, dass die von Bakterien abhängige Umwandlung von Nitrat in Nitrit blockiert wird, was wiederum der Bildung von krebserregenden Nitrosaminen entgegenwirkt.

Reich an Sulfiden: Knoblauch, Zwiebeln, Knoblauchrauke, Bärlauch, Porree und Schnittlauch und Meerrettich

Silizium

Silizium ist ein Baustein bestimmter Proteine, die für die Festigkeit und Elastizität des Bindegewebes sorgen. Knochen, Haut, Haare, Nägel und Blutgefäße enthalten Silizium. Außerdem stärkt Silizium das Immunsystem.

Reich an Silizium: Rote Stachelbeeren, Erdbeeren, Kirschen, Johannisbeeren, Aprikosen, Rote Bete, Spargel, Blumenkohl, Mais, Sellerie, Topinambur, Karotten und Kürbis

Omega-Fettsäuren

Omega-Fettsäuren sind wichtige Schutzschilde gegen Herz-Kreislauf-Erkrankungen und Krebs. Linolensäure (Omega-3-Fettsäure) und Linolsäure (Omega-6-Fettsäure) gehören zu den ungesättigten Fettsäuren und haben im Körper lebensnotwendige Aufgaben zu erfüllen, sie sind sog. essenzielle Fettsäuren. Menschen aus dem Mittelmeerraum leiden erwiesenermaßen viel seltener an Herz-Kreislauf-Erkrankungen, denn sie essen im Vergleich zu Menschen aus nördlichen Ländern weniger gesättigte Fettsäuren und weitaus mehr Obst und frisches Gemüse – in Olivenöl zubereitet, das Omega-3-Fettsäuren enthält.

Reichlich Omega-3-Fettsäuren sind in Hanföl, Rapsöl und Leinöl sowie in Nüssen, Sesam, Mandeln, Walnussöl, Sojaöl und Olivenöl.

Omega-6-Fettsäuren

Linolsäure ist eine essenzielle Fettsäure, aber aus Omega-6-Fettsäuren entstehen auch Botenstoffe, die entzündlich wirken können. Es kommt auf die Menge an! Damit alle guten Eigenschaften beider Fettsäuren unserem Körper zugutekommen, heißt die Regel: nicht mehr als 4-mal so viele Omega-6- wie Omega-3-Fettsäuren essen. Omega-6-Fettsäuren sind auch fettreichen tierischen Produkten enthalten und die Menge, die man isst, ist weitaus höher als die der Omega-3-Fettsäuren.

Omega-6-Fettsäuren stecken in Distel-, Sonnenblumen-, Soja-, Maiskeim-, Traubenkern-, Sesam-, Borretsch- und Weizenkeimöl sowie in Nüssen, Sesamsamen, Leinsamen und Mandeln

Sekundäre Pflanzenstoffe

Sekundäre Pflanzenstoffe sind Schutzstoffe, vorwiegend in den Außenbereichen der Pflanzen. So stecken beispielsweise in den äußeren Blättern von Kohlsorten reichlich Glucosinolate und grünes Blattgemüse und Salate weisen in ihren grünen Bereichen erhebliche Mengen an Xanthophyllen sowie Chlorophyllen auf. Rote und blaue Früchte und Gemüsesorten haben einen hohen Anteil an Anthozyanen, während gelbe bis rote Vertreter Carotinoide enthalten und in grünen Äpfeln und Brokkoli finden sich Flavonoide.

Carotinoide

Die Taktik der Carotinoide besteht darin, vor der Zellwand einen Schutzschild zu bilden, das den krebsauslösenden Substanzen das Eindringen in das Zellinnere verwehrt und so verhindert, dass die Erbsubstanz der Zelle geschädigt wird. Das gelbe Beta-Carotin der Karotte, das rote Lycopin der Tomate und das gelbe Lutein im Spinat sind drei dieser Carotinoide, die sich nach dem Verzehr auch in unserem Blut wiederfinden. Lycopin nehmen wir vorwiegend aus Tomaten und Tomatenprodukten zu uns, während wir uns mit Lutein vor allem aus einer Vielzahl grüner Gemüse versorgen. (Darin wird die gelbe Farbe des Luteins vom grünen Chlorophyll überdeckt.)

Über den Blutkreislauf werden die Carotinoide in unterschiedliche Gewebe transportiert und dort als fettlösliche Substanzen gespeichert. Einige Carotinoide bevorzugen spezielle Organe in unserem Körper. So gelangt Lycopin bevorzugt in die Prostata, während Lutein hauptsächlich die Makula unseres Auges schützt.

Reich an Carotinoiden: Karotte, Petersilie, Spinat, Hagebutte, Fenchel, Honigmelone, Grünkohl, Feldsalat, rote Paprika, Eisbergsalat, Mangold und Aprikose

Flavonoide

Flavonoide regen die Eiweißmoleküle der Zelle an, eingedrungene Krebserreger zu umschließen, bevor sie die Erbsubstanz schädigen können. Der eingefangene Erreger wird anschließend zusammen mit dem Eiweiß durch die Zellwand hinausbefördert.

Reich an Flavonoiden: Apfel, Aprikose, Birne, Dattel, Feige, Rosa Grapefruit, Hagebutte, Holunder, Kiwi, Papaya, Pfirsich, Sanddorn, Stachelbeere, Zitrone, Zwiebeln, Knoblauch, Grünkohl, Petersilie, Artischocke, Paprika, Blumenkohl, Brokkoli, Chicorée, Fenchel, Pastinake, Porree, Portulak, Rhabarber und Tomate

Anthozyane

Rötliche und blaue Obst- und Gemüsesorten verdanken ihre Farbe den Anthozyanen, die zu den Flavonoiden gehören. Diese bioaktiven Pflanzenstoffe üben außerordentliche Heil- und Regenerationskraft auf den gesamten Organismus aus. Anthozyane entschlacken die Gehirngefäße, beugen Herzinfarkt vor und schützen unsere Blutgefäße, indem sie das Zusammenkleben von Blutplättchen verhindern. Die rotblauen Wirkstoffe beruhigen die Schleimhäute und sind daher außerdem ein ausgezeichnetes, natürliches Heilmittel gegen Blasenentzündungen, Asthma und Bronchitis.

Reich an Anthozyanen: Aubergine, rote Zwiebel, Rote Bete, Rotkohl, Brombeere, Erdbeere, Himbeere, Hagebutte, Heidelbeere, Holunderbeere, Rote und Schwarze Johannisbeere, Schwarze Kirsche, Pflaume, Blaue Weintraube, Blutorange und Apfelbeere (Aronia)

Saponine

Saponine hemmen Wasseransammlungen, da sie den Lymphfluss anregen. Sie stärken die Venen und beugen Krampfadern vor. Saponine helfen außerdem durch ihre leicht gewebereizende Wirkung bei hartnäckigem Husten und Bronchitis. Saponine haben die Fähigkeit, Cholesterin aus der Nahrung an sich zu binden, wodurch die Passage des Cholesterins durch die Darmwand in das Blut verhindert wird.

Reich an Saponinen: Sesam, Buchweizen. Bockshornkleesamen, Mais, Mangold, Spargel, Tomate, Zuckerrübe, Boretsch, Huflattich, Salbei, Schachtelhalm, Spitzwegerich und Süßholz

Pektine

Die aus Polysacchariden (Mehrfachzucker) zusammengesetzten Pflanzenstoffe sind in vielen Früchten und Gemüsesorten vertreten. Pektine haben die Eigenschaft, Feuchtigkeit zu binden. So können sie beispielsweise Gallensäure und deren Abbauprodukte binden und im Darm schneller weiterbefördern. Dieser Vorgang aktiviert die Gallensaftproduktion. Die Gallensaftproduktion erfolgt unter Mitwirkung von Cholesterin. Dieses wird daraufhin dem Blut entzogen, was zum Sinken des Cholesterinspiegels führt. Wer täglich ausreichend Pektine isst, kann seinen Cholesterinspiegel um 10 bis 20 Prozent senken! Pektine wirken darüber hinaus als Appetitzügler!

Reichlich Pektine sind in: Acerola, Ananas, Apfel, Aprikose, Dattel, Erdbeere, Granatapfel, Rosa Grapefruit, Hagebutte, Heidelbeere, Himbeere, Schwarze Johannisbeere, Kaki, Mango,

Orangenschale, Papaya, Pfirsich, Pflaume, Preiselbeere, Blaue Weintraube, Zitronenschale, Karotte, Porree, Rote Bete, Weißkohl, Zwiebel, Leinsamen und Melisse

Phytosterine

Phytosterine ähneln in ihrem Aufbau dem Cholesterin aus Butter und Co. Doch die fettähnlichen Gebilde können den Cholesterinspiegel deutlich senken, da Sterine aus Pflanzenkost anstelle von tierischem Cholesterin von der Darmschleimhaut absorbiert werden – das führt langfristig zur Normalisierung der Blutfettwerte. Ernährungswissenschaftler sprechen den Phytosterinen auch eine krebshemmende Wirkung zu. In Mittelmeerländern und in Asien erkranken die Menschen deutlich seltener an Dickdarmkrebs. Die Experten machen dafür das Olivenöl bzw. das Sojaöl verantwortlich.

Besonders reich an Phytosterinen: Kalt gepresste Öle wie Soja- und Olivenöl schmecken gut in Gemüse-Cup-Soups und Öle mit nussigem Geschmack wie Sesam-, Sonnenblumen-, Kürbiskern- und Weizenkeimöl eignen sich für fruchtige wie für pikante Cup Soups.

Bitterstoffe

Unter den vielen Geschmacksknospen, die am Zungenrand sitzen, sprechen einige besonders auf Cynarin an, das zu den Bitterstoffen gehört. Hierdurch werden die Speicheldrüsen umgehend zur Speichelproduktion angeregt und – reflektorisch über das vegetative Nervensystem – reagieren Bauchspeicheldrüse, Magen, Leber und Dünndarm zu vermehrter Produktion von Verdauungssäften. Obst und Gemüse mit Bitterstoffen haben eine »fettschmelzende« Wirkung und verringern den Appetit auf Süßigkeiten. Insgesamt haben Bitterstoffe eine heilende Wirkung auf den gesamten Organismus: Sie fördern die Ausscheidung von Metaboliten (unerwünschte Stoffwechselrückstände) und Giften. Verschiedene Bitterstoffe, wie etwa das Gentiopikrin, stärken unser Immunsystem und senken sogar Fieber.

Reich an Bitterstoffen: Ananas, Avocado, Bitterorange, Rosa Grapefruit, Melone, Zitrone, Artischocke, Blumenkohl, Brokkoli, Chicorée, Fenchel, Grünkohl, Gurke, Mais, Porree, Rapunzel, Rosenkohl, Rotkohl, Spinat, Stangensellerie, Weißkohl, Wirsing, Zucchini, Bohnenkraut, Brennnessel, Brunnenkresse,

Buchweizen, Huflattich, Löwenzahn, Petersilie, Pfefferminze, Portulak, Rosmarin, Thymian und Zitronenmelisse

Inulin

Inulin unterstützt den Kohlenhydratstoffwechsel, indem es die Bauchspeicheldrüse entlastet, denn bei ausreichender Inulinaufnahme muss das Organ weniger Insulin produzieren. Avocado beispielsweise fördert die Insulinverwertung, ohne den Blutzuckerspiegel anzuheben.

Reich an Inulin: Artischocke, Avocado, Chicorée, Karotte, Löwenzahnblätter, Pastinake, Petersilienwurzel, Porree, Rote Bete, Schwarzwurzel, Sellerie, Spargel, Topinambur, Zwiebel. Acerolakirsche, Ananas, Apfel, Aprikose, Brombeere, Dattel, Erdbeere, Granatapfel, Hagebutte, Heidelbeere, Himbeere, Schwarze Johannisbeere, Kaki, Mango, Orangen- und Zitronenschale, Papaya, Pfirsich, Pflaume, Preiselbeere und Blaue Weintraube

Schleimstoffe

Pflanzenschleimstoffe beruhigen und regenerieren die Schleimhäute der Atemwege und wirken beruhigend auf Magen, Darm und Blase. Die Schleimstoffe der Pflanzen wirken in Magen-Darm-Trakt und in der Blase, indem sie eingedrungene Erreger umschließen und ausscheiden. Gleichzeitig beruhigen sich die Schleimhäute durch Signalübermittlung über das vegetative Nervensystem. Durch die besonders langsame Resorption der Schleimstoffe wird darüber hinaus die Peristaltik (Darmbewegung) aktiviert.

Schleimstoffe stecken in Buchweizen, Leinsamen, Sesamsamen, Mandeln, Huflattich, Bockshornklee, Borretsch, Spitzwegerich, Sellerie, Zucchini, Holunderbeeren, Datteln, Feigen, Kaki, Mango, Zitronen- und Orangenschalen.

Gerbstoffe

Gerbstoffe gelangen über die Blutbahn zu den obersten Gewebeschichten unserer Haut, kräftigen die Struktur und beschleunigen den Heilungsprozess bei Wunden und entzündlichen Hautleiden wie Ekzemen, Neurodermitis und Akne. Gerbstoffe haben außerdem eine positive Wirkung auf die Herzkranzgefäße und Besenreiser, indem sie zur Festigung der Gefäßwände beitragen.

Reich an Gerbstoffen: Granatapfel, Mais, Rhabarber, Schwarzwurzel, Spargel, Brombeere, Hagebutte, Heidelbeere, Holunderbeere, Melone, Orange, Preiselbeere, Blaue Weintraube, Zitrone, Borretsch, Huflattich, Johanniskraut, Löwenzahn, Petersilie, Pfefferminze, Rosmarin, Salbei, Spitzwegerich, Thymian, Wacholder und Zitronenmelisse

Phytohormone

Hormone stimulieren vor allem das Wachstum der Pflanzen. Wurzeln, Knollen sowie alle Samen (Getreidekörner, Kerne, Hülsenfrüchte und Nüsse) bergen die gesamte Lebenskraft der Pflanze. Sie sind daher auch die bedeutendste Quelle für Phytohormone. Sie wirken in unserem Körper zwar langsamer, aber, sobald der naturgegebene Hormonspiegel erreicht ist, ebenso effektiv wie körpereigene Hormone. Phytohormone verhindern Prostata- und Wechseljahresbeschwerden, gleichzeitig verursachen sie niemals Nebenwirkungen, wie es synthetische Hormone tun. In Asien, wo Naturreis und Sojabohnen gegessen werden, kennt man Wechseljahresbeschwerden praktisch nicht und die Männer bleiben von Prostataproblemen verschont.

Reich an Phytohormonen: Sojabohne, Mandeln, Nüsse, Sonnenblumen- und Kürbiskerne, alle Beeren (mit Samen), Ingwer, Karotte, Knoblauch, Meerrettich, Pastinake, Petersilienwurzel, Rote Bete, Schwarzrettich, Schwarzwurzel, Sellerie, Topinambur, Zuckerrübe und Zwiebel

Polyphenole

Polyphenole haben die Fähigkeit, freie Radikale abzufangen, wodurch die Zellen vor oxidativem Stress geschützt werden. Phenolsäuren gehören zu den Polyphenolen und tun sich besonders in der Bekämpfung von PAK (Polyzyklische aromatische Kohlenwasserstoffe) und Nitrosaminen hervor. PAK entstehen z. B. durch Luftverschmutzung, beim Räuchern und Grillen. Phenolsäuren, insbesondere die Ellagsäure, binden die PAK an sich und fördern die Ausscheidung aus dem Körper. Nitrosamine entwickeln sich im Körper nach Verzehr von gepökelten Fleisch- und Fischwaren und mit Nitrat überdüngtem Gemüse sowie Treibhausgemüse. Phenolsäuren sind imstande, diese Schadstoffe vom Erbgut im Zellinnern fernzuhalten. Lignane gehören auch zu den Polyphenolen und spielen eine wichtige Rolle bei der Prävention und der Heilung von Brustkrebserkrankungen.

Reich an Lignanen: Früchte, Gemüse, Weizen, Brokkoli, Knoblauch, Karotten und getrocknete Aprikosen. Leinsamen enthält bis zu 800-mal mehr Lignane als jedes andere Lebensmittel

Glucosinulate

Glucosinulat-Verbindungen entfalten ihre krebshemmende Wirkung erst dann, wenn die Pflanzenstruktur aufgebrochen wird, beispielsweise durch Raspeln, gründliches Kauen oder durch Pürieren. Hierbei wandeln freigesetzte Enzyme die Glucosinolate um – in neue Verbindungen wie Indole, Isothiozyane (Senföle) und Thiozyane. Es ist wissenschaftlich belegt, dass insbesondere das in Blumen- und Rosenkohl sowie in Brokkoli enthaltene Indol-3-Carbinol die Entwicklung hormonabhängiger Tumore hemmt, etwa Brustkrebs und Prostatakrebs. Indol-3-Carbinol bewirkt die Bildung einer abgeschwächten Form von Östrogenen, sodass das Wachstum östrogenabhängiger Krebszellen bei Brust- und Prostatakrebs stark gemindert wird.

Reich an Glucosinulaten: Alle Kohlarten wie Blumenkohl, Brokkoli, Kohlrabi, Rosenkohl, Rotkohl, Weißkohl, Wirsing. Meerrettich, Rettich, Radieschen, Steckrübe, Weiße Rübe und Kresse

Rezeptverzeichnis

Liebe Leserin, lieber Leser,

hat Ihnen dieses Buch weitergeholfen? Für Anregungen, Kritik, aber auch für Lob sind wir offen. So können wir in Zukunft noch besser auf Ihre Wünsche eingehen. Schreiben Sie uns, denn Ihre Meinung zählt!

Ihr TRIAS Verlag

E-Mail-Leserservice
kundenservice@trias-verlag.de

Lektorat TRIAS Verlag
Postfach 30 05 04
70445 Stuttgart
Fax: 0711 89 31-748

**Bibliografische Information
der Deutschen Nationalbibliothek**
Die Deutsche Nationalbibliothek verzeichnet diese Publikation in der Deutschen National-bibliografie; detaillierte bibliografische Daten sind im Internet über http://dnb.d-nb.de abrufbar.

Programmplanung: Uta Spieldiener
Redaktion: Anja Fleischhauer, Stuttgart
Bildredaktion: Christoph Frick

Umschlaggestaltung und Layout:
CYCLUS Visuelle Kommunikation, Stuttgart

Bildnachweis:
Umschlagfoto und alle Fotos im Innenteil:
Meike Bergmann, Berlin
Foodstyling: Caroline Franke

1. Auflage

© 2016 TRIAS Verlag in Georg Thieme Verlag KG, Rüdigerstraße 14, 70469 Stuttgart

Printed in Germany

Satz und Repro: Fotosatz Buck, Kumhausen
Gesetzt in Adobe InDesign CS6
Druck: AZ Druck und Datentechnik GmbH, Kempten

Gedruckt auf chlorfrei gebleichtem Papier

ISBN 978-3-432-10192-7

Auch erhältlich als E-Book:
eISBN (PDF)   978-3-432-10193-4
eISBN (ePub) 978-3-432-10194-1

1 2 3 4 5 6

Besuchen Sie uns auf facebook!
**www.facebook.com/
trias.tut.mir.gut**

Lassen Sie sich inspirieren!
**www.pinterest.com/
triasverlag**